Xin Kebiaoxia Xuexiao Tiyu Kecheng Jianshe Yu Fazhan Yanjiu

新课标下
学校体育课程建设与发展研究

李秀奇 姜文晋 唐 晶 著

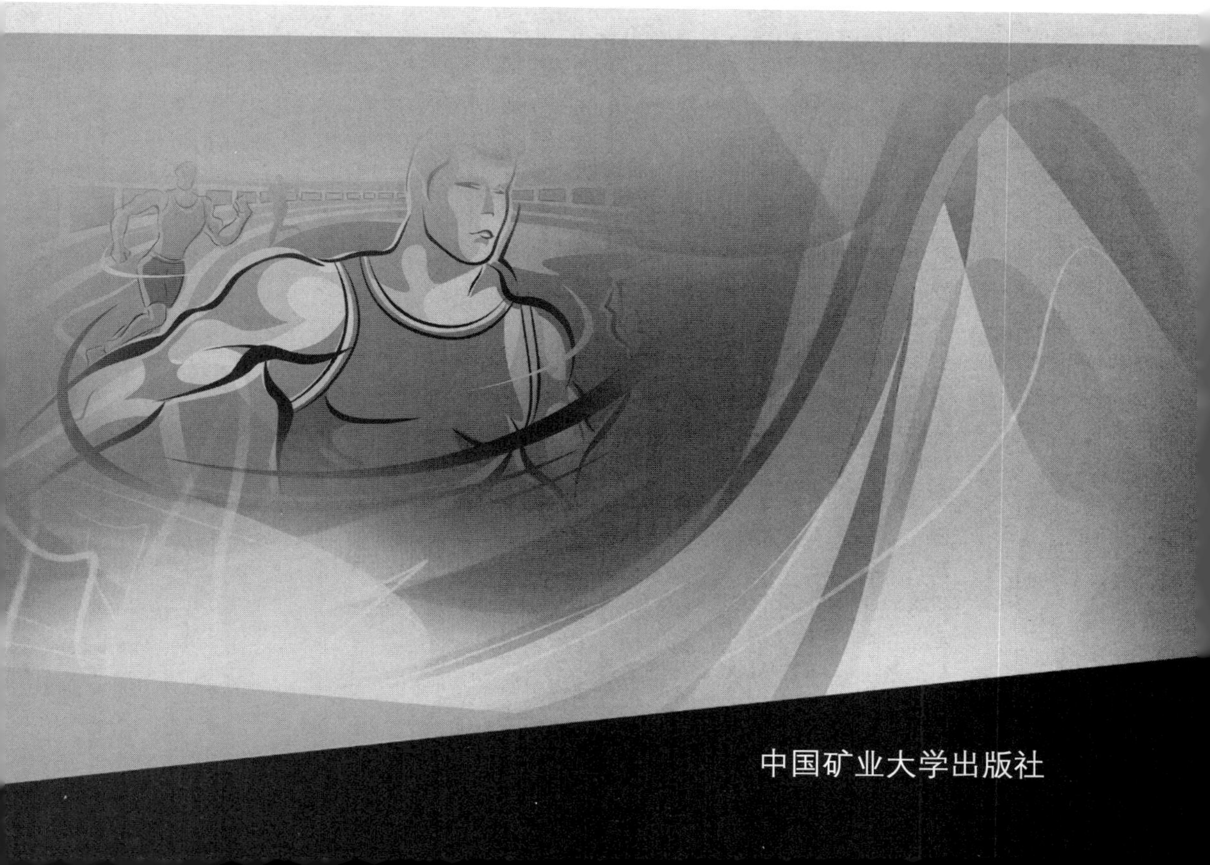

中国矿业大学出版社

内 容 简 介

本书在解读新课标基本要求的基础上，重点从体育课程内容资源的开发与整合、体育教学手段和方法的选择与利用、体育教学过程的控制、体育教师的教学策略与学生管理等方面展开细致的研究与分析。本书不仅阐述了体育课程教学体系中各部分内容的基本知识，还在此基础上研究了各部分体系的发展问题，这对于从整体上优化与完善学校体育课程教学体系，提高体育课程教学效果具有积极的意义。

图书在版编目(CIP)数据

新课标下学校体育课程建设与发展研究 / 李秀奇，姜文晋，唐晶著. —徐州：中国矿业大学出版社，2018.8

ISBN 978-7-5646-4102-3

Ⅰ.①新… Ⅱ.①李… ②姜… ③唐… Ⅲ.①体育课—教学研究—中小学 Ⅳ.①G33.962

中国版本图书馆 CIP 数据核字(2018)第 236230 号

书　　名　新课标下学校体育课程建设与发展研究
著　　者　李秀奇　姜文晋　唐　晶
责任编辑　何晓惠　何晓明
出版发行　中国矿业大学出版社有限责任公司
（江苏省徐州市解放南路　邮编 221008）
营销热线　(0516)83884103　83885105
出版服务　(0516)83995789　83884920
网　　址　http://www.cumtp.com　**E-mail**:cumtpvip@cumtp.com
印　　刷　江苏淮阴新华印务有限公司
开　　本　787×1092　1/16　**印张** 15.25　**字数** 278 千字
版次印次　2018 年 8 月第 1 版　2018 年 8 月第 1 次印刷
定　　价　48.00 元
（图书出现印装质量问题，本社负责调换）

前　言

信息化时代的来临和高新技术的迅猛发展，要求学校教育必须培养大批高素质全面发展的人才。新时期的教育是对会认知、会做事、会生存、会共同生活的“完整的人”进行科学培养的全面教育，而全面教育离不开整体课程，整体课程能够促进全面教育的发展。学校体育课程作为学校教育的一个重要组成部分，承担着向社会输送高素质人才的重要任务。面临新时代的挑战，学校全面推进素质教育，深入课程改革，从课程理念的更新入手，在课程目标、教学内容、学习方式、课程资源等方面都进行了较大力度的改革。实践已经证明，新一轮体育课程改革的方向是正确的，成绩是显著的。我们深入研究体育课程教学体系建设，促进体育课程教学体系中各要素的不断完善，以充分发挥体育课程的重要作用，对全面发展的“完整的人”进行有效培养。为此，笔者特撰写了本书，旨在为全面开展体育课程教学体系的建设工作提供科学指导，从而在整体上推动体育课程教学质量的提高。

本书共有八章。第一章作为全书开篇，首先介绍了学校体育课程体系研究的科学理论基础，涉及哲学、心理学、社会学、体育科学、系统论这几个方面的内容。第二章针对新课程标准与学校体育课程改革进行了探讨，在解读新课程标准的基础上论述了学校体育课程改革的理论基础、改革现状以及影响学校体育课程改革的因素。第三章研究了新课标下学校体育课程教学目标体系的建设，首先对体育教学目标进行了概述，进而探讨了体育课程教学目标的生成、价值取向、结构内容、教材体现，最后介绍了新课标下体育课程教学目标体系的构建。第四章针对新课标下学校体育课程内容资源的挖掘与开发展开研究，包括体育课程内容概述、学校体育课程内容的现状、学校体育课程内容的选择与完善、新课标下学校体育课程内容资源的挖掘与开发。第五章研究了新课标下学校体育课程实现途径的探索，涉及学校体育课程实施的主体、途径、环境、效果四个方面。第六章分析了新课标下学校体育课程评价体系建设的相关内容，包括体育教学评价的基本理论、体育教学评价的组织与实施、体育教师教学评价、学生学习评价、新课标下学校体育课程教学评价体系的建设。第七章针对新课标下学校体育课程建设与发展的案例展开分析。第八章为本书的最后一章，对新课标下学校体育课程建设进行了展望与思考。

本书不仅阐述了体育课程教学体系中各部分内容的基本知识，还在此基础上研究了各部分体系的发展问题，这对于从整体上优化与完善学校体育课程教学体系，提高体育课程教学效果具有积极的意义。总体来说，本书内容全面丰富，结构安排合理，各个章节都紧扣主题，逻辑鲜明，具有丰富性、学术性、科学性、前沿性等特征。

本书在撰写过程中，参考借鉴了相关学者的研究资料和成果，在此向他们表示衷心感谢。由于作者水平和精力所限，书中疏漏之处在所难免，敬请广大读者批评指正。

著　者

2018 年 6 月

目　录

第一章　学校体育课程体系研究的科学理论基础

体育课程教学过程是师生之间教与学的互动过程，有效的体育课程体系研究可促进师生间的良好互动，从而促进体育教师与学生的共同发展。体育课程体系研究是有理论支撑的科学行为，在多学科理论的支持下，体育课程体系研究有章可循，为各项研究工作的开展提供了可靠的依据。本章主要从哲学、心理学、社会学、体育科学、系统论这五大层面来探讨体育课程体系研究的理论基础。

第一节　哲学基础

一、交往行为理论

交往理论的创始人是著名的哲学家和社会学家哈贝马斯。哈贝马斯提出了生活世界的殖民化问题，即生活意义和自由的丧失及过度追求工具理性的问题。此外，哈贝马斯还提出了交往行为理论，试图利用交往理性对人类的精神危机进行化解。

（一）交往行为理论的主要内容

哈贝马斯提出的交往行为理论被称为“社会哲学理论的经典”，该理论极大地影响了我国的哲学和教育学。交往行为理论的内容主要有以下几点。

（1）哈贝马斯将行为分为四种不同的类型，分别是目的性行为、戏剧式行为、规范调节行为和交往行为，其将交往行为解释为主体间运用语言符号媒介，遵循一定的规范，通过对话达到相互理解和协调一致的活动。哈贝马斯明确指出，哈氏交往理论的核心部分是交往行为，交往行为具有独特性，区别于其他行为。

(2) 哈氏交往行为是交往理论的一次飞跃，其打破传统交往的单一主体性认识，将交往的交互主体性及主体间性提了出来。交往行为理论的核心概念是交互主体性。

(3) 交往行为理论与传统的“工具理性”批判不同，它在向“理性”的批判迈进，通过深刻剖析交往行为理论，将交往合理性的概念提了出来，并提出了关于语言的真实性、正当性等要求，这些规范都是语言对话、互动和交往的基础。

(4) 哈贝马斯提出建立一个普遍的规范和理想的对话环境，并重视主体间的对话活动，从而实现“走出生活世界的殖民化、达到交往的合理化”的目标。

(二) 交往行为理论对体育课程体系研究的启示

哈贝马斯交往行为理论对体育课程体系的互动重构有重要启发，具体表现在以下几个方面。

(1) 交往行为理论明确了体育课程体系研究中，教师与学生、学生与学生间的关系是具有交互主体性的交往、互动行为，而非其他类型的行为。

(2) 在体育课程体系研究中，教师与学生、学生与学生之间主要利用语言、肢体动作和表情等相互交流与沟通，以期实现教学相长，而且师生与生生的这种交往、互动与语言、肢体动作和表情等交往媒介的真诚性、真实性、正当性和有效性要求是相符的，具有交往、互动合理性的重要意义。

(3) 交往行为理论中体现出先进的研究思想，如教学主体平等对话、相互尊重、相互理解等，这与当前体育课程体系研究中师生与生生关系中的精神相契合。

二、主体间性理论

主体间性是现象学的核心概念，又有“在主体之间”“主体际性”“交互主体性”等别称，是西方哲学提出的一个哲学范畴，旨在消解主客二元对立。

（一）交互主体性理论

德国著名现象学大师胡塞尔最早对主体之间关系进行探讨，先验主体性的现象学就是由他建立的。在指向对象时，以先验自我为中心所实现的构造被胡塞尔敏锐地认识到，这也就是“意识所具有的特殊构造功能”，这是主体间性理论研究的一个中心课题。

（二）主体间性理论对体育课程体系研究的启示

传统的课程教学是在师生主客关系思想的指导下，将学生看作体育知识和技能的接受容器，在课堂上将学生当作与教师不同性质的“物”来进行培养。在课程教学中“见物不见人”的现象普遍存在，这样必然会影响师生关系，导致二者之间疏离与异化，体育教育的关系也慢慢向人与物的关系倾斜。

胡塞尔主体间理论给体育课程体系研究的启示是明确在体育课程教学中，教师与学生都是主体，而且是平等的，学生如同教师一样，也是“人”，而不是“物”，他们之间是主体与主体的关系，明确这一点可通过管理有效提高学生的主体性；师生关系超越了主体性，向主体间性过渡，强调体育课程教学中师生与生生主体间的相互理解与沟通，相互之间达成共识和互识。体育课程体系构建目标的实现首先通过“现象学还原”方法，让主体的意识清楚显现，将一个自明性基点确立下来。在这基点上，师生平等，性质相同，都是认识主体。

在体育课程体系研究中，运用主体间性理论的必要性愈加凸显，主要体现在以下两点。

第一，教师不仅通过体育教材内容与学生形成教与学的关系，师生在体育与健康知识、运动技能、思维、意志、情感、价值观等方面直接展开主体间的双向交流、互动，并共同建构，这种交流互动甚至是多向的。

第二，师生通过对自我身心和他人身心的统摄和赋义，构造师生主体之间共同的客体，让师生主体间认识、交流成为可能，并能达成精神世界的理解与共识。所以，在体育课堂教学中，师生都是活动的主体，这是师生与生生主体间能够相互交流与沟通的前提。

综上，胡塞尔提出的主体间性理论及其思维路径从认识论上为我们解决体育课程体系研究中人的关系提供了重要的依据，并为我们还原体育课程体系研究中师生关系的本真状态提供了重要的思维取向。

三、交往实践理论

马克思主义将交往与人类的社会实践活动密切结合起来，提出了交往实践理论。

（一）交往实践理论的贡献

交往实践理论的内容及突出贡献主要包括以下几点。

(1) 生产劳动是人类与动物最明显的区别。以生产实践为基础的社会交往标志着人类在交往水平上超越了动物。本质上而言，物质资料生产是对象性和交往性的统一。

(2) 人类社会交往包含了两个层面的交往，一个是物质层面，另一个是精神层面。归根到底，精神层面的交往是物质层面交往的产物。社会发展和历史演进需要以交往实践作为基础和核心动力，这是社会中个体成长的不可缺少的前提。

(3) 交往实践理论具有三个显著的特征，如客观物质性、自觉能动性以及社会历史性。社会历史性本质上就是实践交往性，因为社会是人们相互联系与作用的产物。从社会实践的发生过程来看,实践的社会历史性就是社会中个人或群体间的交往与互动过程。实践不仅是社会交往活动,还是主客体间的对象化活动以及主体之间的交往活动。

(4) 实践与交往活动不是相互独立的,它们是同一社会实践活动的两个方面,不可分割。因此,实践本身具有两重性,即关系性和活动性。交往结构关系以主体-主体模式为特征,而交往活动则是主体-客体模式出现的。不同主体既同中介客体构成主体-客体的对象性关系,又通过中介客体与其他主体进行交往和互动,主体间的交互关系在这一基础上建立,主体-客体-主体间的交往互动模式也因此而建立。

(二) 交往实践理论对体育课程体系研究的启示

用马克思主义的交往实践观对体育课程体系研究的过程进行审视可以发现,体育课程教学的过程是多主体的师生与生生之间通过建构共同的客体而进行交往沟通的过程。体育课程教学过程是师生与生生之间的交往实践过程,这是体育课程教学过程的本质,可以从两个不同的视角来理解。

(1) 在关系性范畴下,它体现为师生与生生平等主体间的互动、交往关系。

(2) 在活动性范畴下,它又是师生与生生在平等民主的关系中通过中介客体改造主客观世界获得不断发展的过程。

第二节　心理学基础

一、动机激发理论

心理学家将学习者的动机分为两种类型,分别是内部动机和外部动机。当一个人的行为完全由个人的兴趣、爱好或好奇心等引发,而不需要外力作用推动时,就是处于内部动机。当一个人由与自身没有内在联系的外部刺激而采取行动，而不是由自身内在需求引起时，外部动机就介入了。

在课堂学习中，不管是内部动机，还是外部动机，都具有重要的作用与意义。

（一）动机激发理论的理论依据

1. 动机理论

动机是个体从事某种活动时指引该活动去满足自身一定需要的意图、愿望、信念等，动机直接导致行为的产生。

个体的动机是极其复杂的，目前心理学家们从不同的认识角度对动机进行了常见的分类，常见的动机分类方法及内容具体参考表 1-1。

表 1-1　　常见的动机分类方法及内容

分类依据	动机类型	动机内容及其表现
动机起源	生理性动机	与个体的生理需要相关，具有先天性，如饥、渴、性、睡眠等动机。在一定程度上受社会生活条件的制约
	社会性动机	与人的社会性需要相关，是后天习得的，如兴趣动机、交往动机、成就动机、权力动机等
动机原因	内在动机	由活动所产生的快乐和满足引起，不受外界条件的影响，如个体从事某项活动是为了能感到快乐，而非为了得到他人的表扬
	外在动机	由活动以外的刺激诱发引起，受外界条件的影响，如员工努力工作是为了获得更高的报酬或领导肯定等，而并非工作兴趣
动机作用	主导性动机	在个体活动中的作用强烈、稳定，处于支配地位
	辅助性动机	在个体的活动中的作用较弱、较不稳定，处于辅助地位

续表 1-1

分类依据	动机类型	动机内容及其表现
动机行为与目标关系	近景动机	与个体的近期目标密切相关，如努力工作可以获得更多绩效奖金
	远景动机	与个体的长远目标密切相关，如努力工作期望成为本行业的专家
动机行为带给个体的体验	丰富性动机	又称"满足和兴趣动机"，激发个体进行探索、创造、成就和自我实现的动力，与个体的生存、安全、痛苦、危险等无关。个体通过动机产生行为追求快乐
	缺乏性动机	又称"生存和安全动机"，如个体行为不能达成目标满足自身需要，个体会体验到痛苦和不安，会通过动机产生行为消除痛苦

研究表明，动机是个体产生行为的主要原因，它能为个体的行为提出目标、提供力量，并使个体的内在达到一种平衡。个人的动机由需要、外在条件和对它们之间关系的认识所决定，并直接对个体活动的发动、调节、维持以及终止产生影响。

2. 经验兴趣论

经验对人的思想和行为具有重要的影响。要想对学生积极主动参与学习的能力进行培养与提高，就要对学生提高自身主动积极性与学习能力、加强自身与社会联系的基本需求给予满足，支持与满足学生的需求是学生产生学习兴趣和动机必须具备的心理状态。

兴趣的形成与发展来自于经验，在任务完成的过程中，个体是否满足了自身需求以及自身需求的满足程度都会决定兴趣是否会产生以及什么样的兴趣会产生。促进兴趣产生的个体需求主要有以下三个层面。

(1) 对独立性的需求

个体，作为一个独立体，其对行为具有积极主动性的需求，具体来说，人们渴望自己是独立行为的主体。

在现代体育教育教学活动中，个体（主要是指学生）自身具备的能力会影响到自身的自主需求，但是自由指的是人们希望自己的行为是不受控制的，自己完成任务时可以使用自己想要的方式来完成，自己对知识和能力的获取是独立的，或者自己可以要求别人帮助。

（2）对能力的需求

个体能够对眼前的或预料的要求加以胜任，任务的完成和问题的解决能够完全依靠自身的力量，这就是所谓的对能力的需求。对能力的需求反映出个体充分信任自身的学习及发展能力。

（3）对社会联系的需求

人具有社会属性，人的行动也具有社会属性。在社会关系网络中，人们对可以让自身满意的社会联系表示强烈的渴望，这就是所谓的对社会联系的需求。例如，有些人觉得，人在社会安全感缺失的情况下难以继续存活。对社会联系的需求在兴趣产生与发展中所起到的作用不同于对能力以及对积极自主学习的需求，对社会联系的需求对人们乐意开始新的工作、愿意对新领域进行研究的原因进行了解释。

3. 双因素理论

双因素理论是由美国行为学家弗雷德里克·赫茨伯格在企业调查中发现和提出的，该理论也称“激励-保健因素理论”。

双因素理论指出，在工作中，员工感到不满意的因素大多与工作环境或工作关系有关，而员工感到满意的因素大多与工作内容或工作成果有关。改善激励因素（令员工满意的因素）能调动员工的积极性，提高工作效率；改善保健因素（令员工不满的因素）并不能激发员工的积极性，但如果不改善就会影响员工的积极性和工作效率。

双因素理论对体育教育的启发意义在于，体育教育要想促进学生的体育学习兴趣、效率的提高，应重视学生体育学习良好环境的培养。

（二）动机激发理论对体育课程体系研究的启示

1. 应重视对学生稳定的体育学习动机的培养

体育课程体系构建重点强调的是，让学生在3～4年内集中对一个专项体育项目进行学习，使学生的体育专项兴趣比较稳定。体育课程体系构建的目的是对学生在体育运动某一项目上的潜在能力及时进行发现与培养，并且使学生长期集中精神学习这一项目，以促进学生体育专项技术能力的提高，加深学生对成就感的体验与享受。

在体育教学实践中，教育者正确使用强化手段激发外部动机，同时努力培养内部动机。但如果运用不得当，强化手段可能又会对内部动机和外部动机造成破坏。通常强化的效果要强于惩罚的方法，但适当的时候也要运用惩罚的手段。

2. 应培养学生浓厚的体育学习兴趣

兴趣是对学生的运动行为具有激发和保持作用的内部动力，也是对学生的自觉性与积极性造成影响的关键因素。以学生的发展为核心，把学生的主体地位重视起来，这是体育课程体系构建的关键问题，也是促进动作技能练习效果增强的重要理念。教师要对不同学生的差异与需求加以关注，以促进学生学习兴趣的激发，鼓励学生充分发挥自身的主观能动性，让学生积极主动地进行体育学习。

3. 应丰富学生的体育运动体验

通过体育课程体系的构建，应让学生在体育教学中有丰富的情感体验，尤其是体验到参与体育运动的乐趣，这种情绪体验非常重要。

通过体育教学，组织学生参与体育活动，应该让学生体验到运动的乐趣，如果运动过程非常枯燥，就容易导致学生失去运动乐趣，导致其运动动机丧失。因此，在运动训练初期，一定要合理选择训练内容，科学安排训练时间和负荷，选择对学生比较有吸引力的运动内容和项目。

4. 应重视对良好教学环境的营造

体育课程体系的构建应重视对良好体育教学环境的建设，应为学生创造良好的体育教学硬件环境和软件环境，并注重体育文化氛围的营造，以此来影响学生，使学生产生参与和学习的兴趣、动机，并提高参与和学习的积极性与主动性。

二、最近发展区理论

维果茨基在20世纪30年代初，将“最近发展区”这一概念引入儿童心理学研究中，提出“良好的教学应走在发展前面”的著名论断，并指出能看到儿童的明天，即“判断并明确儿童发展的动力状态”，这才是教学的着眼点。

（一）最近发展区理论提出的背景

在维果茨基提出最近发展区理论之前，教育学家与心理学家普遍认为，“发展应走在教学前面”。维果茨基的最近发展区理论指出，学生的发展应具有以下两种水平。

（1）实际发展水平，就是学生在独立处理问题的过程中具有的心理发展水平。

（2）潜在发展水平，就是学生在教师指导下或与同伴协作处理问题中具有的心理发展水平。

学生的最近发展区指的是学生实际发展水平与潜在发展水平之间的差距。体育教学应以学生的最近发展区为着眼点，让学生对稍微有难度的内容进行学习，使其产生学习动力，从而将学生的学习积极性调动起来，使其潜能得到最大的发挥，进而超越最近发展区并达到更高的水平，这有利于将学生的智力引导到更高的发展水平。

教师在教学中不仅要适应学生的现有水平，还要进一步适应学生的最近发展区，走到发展的前面，从而达到更高的发展水平。

（二）最近发展区理论对体育课程体系研究的启示

学生的最近发展区不仅能够从教师与学生的“教”“学”关系之中体现出来，也能够从学生与同伴的互动合作中体现出来。可见，最近发展区理论与合作学习一脉相承，为体育课程体系的构建提供了重要的理论基础。

支架式模式是借用建筑行业的支架概念提出来的，在最近发展区内进行体育课程体系构建，教师首先按学生的最近发展区将学生的学习支架搭建起来，通过支架（教师或同伴的帮助与引领）将体育知识与技能学习任务由师生互动逐渐转变为生生互动，然后将支架慢慢撤去，让学生独立学习和建构体育知识与技能，真正做到使教学走在发展前面，使学生对那些能使自己从事更高认知活动的体育知识与技能牢牢掌握、内化及建构，学生如果获得更多高层次的体育知识和运动技能，便可以脱离支架继续向前迈进，在此基础上应不停借用支架概念把学生的体育知识和技能引到更高水平。

例如，在开展一堂啦啦操组合动作教学课时，在教学管理中运用最近发展区理论可从以下几方面进行。

（1）教师设计教学目标必须与学生的认知基础、情感规律及运动技能形成和掌握规律相符。

（2）在一组对称性组合动作的教学中，教师与所有学生互动，单侧讲解示范完整技术动作，使学生建立完整动作概念。

（3）通过分组，让能力较强与能力较弱学生相互配合，教师做好提示或矫正工作。

（4）让学生自己在探索的过程中学习另一侧技术动作，教师进行提示，学生最终完成对完整动作的自我建构。

三、多元智能理论

多元智能理论由霍华德·加德纳提出，时间为1983年，最初出现在其《智力结构》一书中。

多元智能理论从实际分析中对“人的智能是多元的”这一理论创见进行了阐释与解析。该理论认为，智能不是能够完全用纸笔测试衡量的一个简单的东西，也不是某些人独有的东西，而是人人都有，只是程度不同，拥有智能的人可以在各自社会与文化生活的各方面表现出自己的能力，而且每个人都最少拥有下列八种智能。

(1) 视觉——空间智能。

(2) 言语——语言智能。

(3) 身体——肢体运动智能。

(4) 人际——交往智能。

(5) 逻辑——数理智能。

(6) 内省——自我反省智能。

(7) 音乐——音调、旋律、节奏以及音色等智能。

(8) 探索自然——观察智能。

上述八种智能在每个人身上的表现都不相同，如某人在某一项或某几项智能表现上尤为突出，而其他几项智能在其身上表现得就不太明显。这使得每个人在智能类型上形成各自的特点。

事实上，任何一种智能都是可以通过训练与培养而获得并不断提高的，不同的角色需具备的基本智能不同，各有侧重，因此面对不同的对象，需采用不同的智能训练手段。以运动员为例，其多元智能训练结构与阶段如图1-1和图1-2所示。

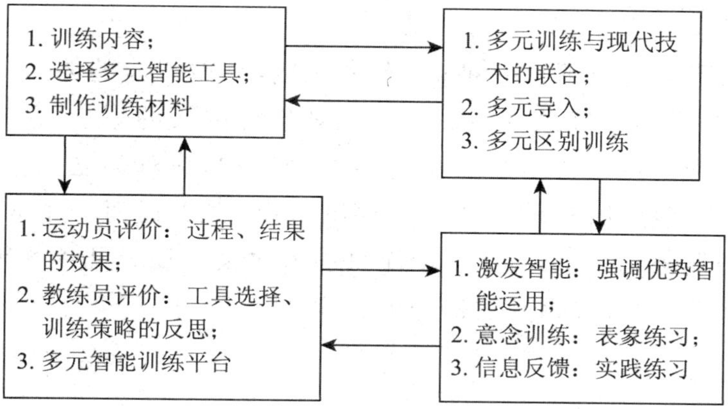

图 1-1　多元智能训练结构

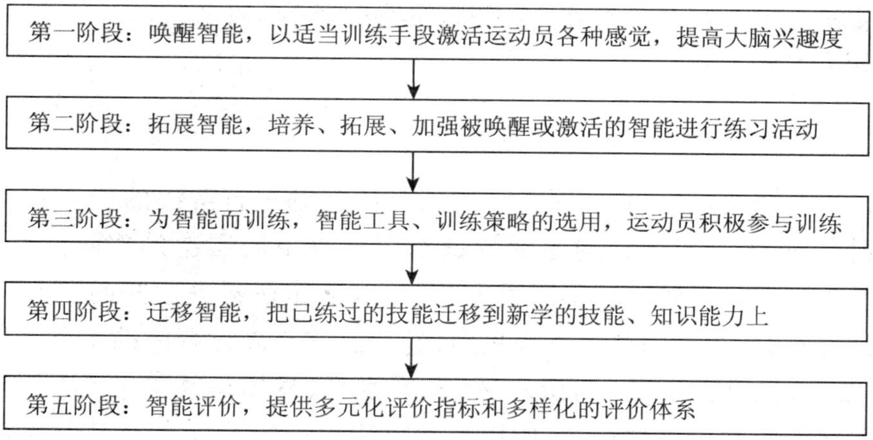

图 1-2　多元智能训练阶段

需要注意的是，在多元智能训练系统中，训练者与训练对象都是训练主体。训练对象不仅是智能训练的主体，而且是智能训练的客体，训练者与训练对象之间形成了多元互动关系。

（一）多元智能理论的特征

多元智能理论的特征具体有以下几个。

1. 多元性

人类的智能不只一种，具有多元性，每项智能的体现是相对独立的，是多维度的，受认知水平、环境等因素的影响，通常不会相互整合。每项智能虽然相对独立，但并非绝对孤立，它们相互联系、相互促进、相辅相成。加德纳指出，对于任何一个人而言，八种智能都同等重要，所以不能只注重对某一项或几项智能的开发与培养，而应注重开发每一项智能。

2. 差异性

不同人的自身条件、生活环境以及教育水平不同，也表现出不同的认知水平。认知水平直接影响人的智能，每个人的智能因素也就有一定的差异，主要表现在智能的表现形式、发展程度和发展方向等方面。例如，受生活环境的影响，运动员的子女普遍擅长体育运动。

3. 实践性

加德纳指出，我们对生活中遇到的问题进行解决的能力就是智力，每个人在不同的生活领域都要面临不同层次的实际问题，并要对这些问题进行不同程度的解决，个体在解决这些问题时会出现新的问题，因此要解决更多的问题，这是多元智能的本质。

人的认知水平（知识水平、发展水平、身体运动能力等）是多元智能的常见表现形式，所以多元智能理论的关键在于对人的各种智能进行开发。在多元智能理论指导下，应该将开发学生的各种智能作为学校教育的核心工作，均衡发展学生的各项智能，实现学生全面发展的目标。

（二）多元智能理论的优势

传统智能理论的核心是发展学生的语言智能和数理逻辑智能。在传统教育中，评价学生智能的主要标志是学科考试分数。学校教育担负着对学生的语言和数理逻辑能力进行培养的责任，学校高度重视对这些能力的培养，但对于学生其他各方面能力的训练和培养却容易被忽视。加德纳的多元智能理论对传统智能一元化的独断进行了批判，提出学生智能各具特色，根本没有“差生”这一说法，只是每位学生的智能强项和弱项不同。为此，教师应用多元的观点看待学生，发现学生的智能强项，培养学生的特长，促进学生的个性化发展。

教师必须对每位学生的智能特点和学习类型进行充分了解，将丰富多样且公平的学习机会提供给学生，让每位学生都可以将自己的智能强项充分发挥出来，并用智能强项弥补智能弱项，使智能得到全面提高。多元智能理论强调智能发展的文化性与生成性，其突破并超越了传统单维智能观。

（三）多元智能理论对体育课程体系研究的启示

虽然多元智能理论不能从根本上解决教育危机，而且某种程度上来说它还只是一个理论构想，需要将其进一步运用到实践中加以证明并不断改进，但在体育课程教学中，当大部分教师对学生学习评价感到困惑时，该理论发挥了重要的指导和启示作用。

（1）多元智能理论对学生的个性和差异性给予了充分肯定。在该理论指导下，教师树立多元智能思维和乐观的学生观，对学生的智能特点充分了解并予以尊重，在体育课程体系研究中就能将学生的个体差异考虑进去，能较好地宽容和理解运动技能掌握不好的学生，努力创设适合这部分学生发展的教学环境。此外，教师还应在体育课程教学中对不同智能类型的学生坚持机会公平的原则，而且要对学生其他优秀的智能品质进行挖掘，这样才会与学生建立良好的师生关系，使不同学生都得到教师的指导与帮助，促进学生个性发展、潜能开发，从而使学生得到全面均衡的发展。

（2）多元智能理论表明，人的智能通过环境和训练可以得到新的发展。在体育课程体系构建中应合理制订教学管理目标。体育课程教学的目标要求学校树立“健康第一”的指导思想，将学生的身体健康教育、运动参与、心理健康及社会适应能力的培养全面重视起来,促进学生的全面发展。

(3) 多元智能理论强调多种智能同等重要,对智能发展的多样性特别重视,所以在体育课程体系研究中要树立灵活多样的评价观,不能只通过学生对体育知识与技能的掌握程度来对学生进行评价、选拔。在评价中应考查多个指标,如学生运动参与、身心健康及社会适应能力等,在不同的体育课程教学情境下通过多种渠道、多种形式进行评价,从而真正了解学生解决问题的能力和创造能力。通过评价,帮助学生对自己的优势智能领域有清楚的了解,使学生认识到自己的智能特点和不足,带动学生智能弱项的发展。

第三节 社会学基础

一、符号互动理论

符号互动理论于20世纪30年代在美国创立,这是一种通过深入剖析日常自然环境中人们的互动来对人类群体生活进行研究的社会学理论。美国社会学家米德最早在理论中提出“符号”一词,在其《心灵、自我与社会》一书里详细论述了心灵、自我与社会的概念与内涵。

在符号互动论的发展中,除米德、布鲁默外,在这方面有突出贡献的还有库恩、托马斯、库利等人。

米德在对库利的理论进行评价时指出,该理论虽然提出了心灵是相互作用的自我活动场所,但没有阐述心理活动的规则。因此,米德从外在实践经验与内省意识两个方面对自我的发生进行解释,他结合心灵的自我与社会的互动,进一步指出社会是一群互动的人,心灵通过社会互动获得反思和创造能力,从而形成自我。

（一）符号互动理论的内容

布鲁默的符号互动理论是在米德互动理论基础上发展起来的，该理论从微观层面对特定情境中的人的互动进行研究，即对人们相互作用发生的方式、规律和机制进行研究。其理论的主要观点有以下几点。

（1）互动是人类个体生存与发展的前提，是社会生活的基础。

（2）符号是在一定程度上具有象征意义的事物，是人际互动的媒介，也是社会生活的基础，社会中人们互动依赖的中介有语言、文字、行为、手势、物品等符号。

（3）个体是自身行为的建构者。个体的自我（角色扮演）和心灵是互动的产物，角色扮演的好坏与个人对情境的理解、对符号的解释与运用能力有关。

（4）社会的形成和变化是互动的结果，社会是相对稳定的互动模式。

总而言之，符号互动理论对人的主观因素十分重视，强调人既是主体又是客体；强调每个人的独特性，主张从生活实践中进行理论的归纳。

（二）符号互动理论对体育课程体系研究的启示

在体育课程体系构建中，互动是必不可少的，有效互动可提高体育课程教学与管理效率，因此在体育课程体系构建中，符号互动理论具有重要的意义和作用。

从物理空间角度看，体育课课程的特殊性在于它不是以教室的存在为基础的，而是以体育场馆的存在为基础的。从场域的视角看，体育课堂并不局限于物理形式的存在，还指围绕某一教学目标师生进行互动的“场”，它是包含物理、社会以及心理的统一体。

因此，体育课程教学互动情境既包括物理空间，又包括互动的“场”。体育课程教学是一个符号互动的场域，教师在这个场域中首先要界定体育课程教学情境，并对其进行分类，让自身与学生、环境相互调适、融合，同时教师要善于发现与学生共处的情境，把自己看作课程教学情境中的客体，扮演好自己的角色，并运用语言、表情、手势、动作等符号实现有效互动，从而实现人的社会化，实现体育教学相长，同时提高课程教学的管理效果。

社会结构在体育课程体系构建中也有重要的影响，而符号互动论忽视了这一点，因此在体育课程体系构建中运用该理论时，要看到其局限性，以多元化的视角分析社会现象和人的行为，并解决实际问题。

二、群体动力理论

勒温是群体动力理论的创始人。“群体动力”是指群体活动的方向，而群体动力的研究是对群体活动动向的各种影响因素进行研究，群体动力理论建立的目的是对群体行为与群体中的个体行为的动力源进行探寻，着重从社会环境与心理两方面对群体与个体行为产生的动力进行探索。该理论指出，要想使群体中每个个体变得更好，最佳方法是先改变他生活的群体。群体中个体间相互影响和作用，在这一过程中，群体动力反映为群体内部呈现各种关系，如共生、合作、竞争等。

（一）群体动力理论的要素

群体动力系统包含三个要素，分别是凝聚力、驱动力和耗散力。其中，凝聚力是群体稳定的重要保证因素，驱动力是群体演变和发展的主要动力因素，耗散力是破坏群体稳定和演变、降低群体绩效的不利因素。在群体中，群体动力系统的三个要素同生并共存，它们之间相互抗衡、影响，对群体的演变和发展具有重要的推动作用。

（二）群体动力理论对体育课程体系研究的启示

群体动力学理论对体育课程体系研究具有重要的启示意义，这里的“群体”指的是在体育课程教学目标的基础上，由两个或两个以上的学生组成的有机结合体，他们之间相互依赖、相互作用，体育课程教学班级是一个社会团体，体育课程教学是一种团体过程。在体育课程教学中，群体动力学是影响团体过程、促进群体效能充分发挥的一个重要途径。

在体育课程体系构建中，如何挖掘群体内部的内聚力是教师主要考虑的问题，可以从以下几方面来分析。

（1）设置合理的体育课程体系构建的目标，制订可行的体育课程教学规范，通过分组引导学生学会合作，并适当竞争，营造平等民主的课程教学氛围，通过教学效果评价与反馈等方法促进教学与管理效果的提高。

（2）在分组教学中，组间学生水平接近，组内学生水平不一，从而相互帮助、优势互补，最终使学生掌握技术，建立友谊。

（3）在多维有效互动中，为学生提供参与和表现的机会，对心理素质相对较差的学生产生积极的群体压力，同时激发其学习动力，使其通过努力增强自信，取得进步。

第四节　体育科学基础

一、体育生物学理论

生物学是研究生物（包括植物、动物和微生物）结构、功能、发生和发展规律的科学，是自然科学的一个部分，目的在于阐明和控制生命活动，为农业、工业和医学等实践服务。体育生物科学是生物科学与体育运动结合的产物，又称“运动人体科学”。

（一）体育生物学的主要内容

1．生理学

体育生理学就是结合体育运动与生理学的一门学科。这门学科的问世最早依托于人体解剖学和生理学的发展。

对人体施加一定的生理负荷刺激，能引起机体各器官系统在生理功能和形态结构方面产生一系列的连锁性运动条件反射，此即体育运动的生理学本质。

2. 生物力学

生物力学是利用力学的原理与方法研究生物系统结构与功能的一门科学。从这一概念可以看出，生物力学的研究领域和研究范围十分广泛。生物力学作为一门融合力学和生物学的边缘学科，其主要研究生物系统机械运动规律及其应用，被广泛应用于力学、生物医学工程、人机工程、医学和体育等多个科技领域。

体育运动生物力学是针对体育运动中人体所呈现的机械规律及其应用所展开的研究，是一门系统学科。

(1) 体育运动生物力学根据力学理论以及多种科学方法，定量描述体育运动的过程中人体运动的现状并展开分析，同时结合其他学科的原理如运动解剖学、运动生理学等对人体运动展开综合评定。通过研究力学、生物学二者之间的复杂关系可找出人体运动的内在规律以及基本联系。

(2) 体育运动生物力学关注、研究包括运动训练在内的各种体育运动。

通过上述概念可以得知，人类体质的增强、竞技体育成绩的提高，都需要我们不断丰富、完善运动生物力学的框架体系，这也是该学科研究的主要目的之一。

体育运动生物力学是体育科学的一个重要组成部分，如运动能力的提高、体育动作技术的分析与诊断、运动训练规律的探索、运动损伤的预防、运动器材装备的设计和改进等。

由此可以看出，力学、生物学和体育学构成了体育运动生物力学的重要理论基础。从力学原理的视角来研究，人体的各种运动行为都是在神经系统的掌控下进行的，通过肌肉、骨骼之间的协调关系完成。神经控制着人体的肌肉，对骨骼产生一定的作用力，从而实现不同的机械动作。

具体来讲，人体运动即在神经系统控制下，以肌肉收缩为动力，以关节为支点，以骨骼为杠杆的机械运动。体育运动生物力学研究的主要内容是人体或生物体在外力和内部受控的肌力作用下的运动规律。

3．生物化学

生物化学是研究生命化学的科学，它从分子水平探讨生命的本质，即研究生物体的分子结构与功能、物质代谢与调节及其在生命活动中的作用。

体育运动生物化学是探讨体育运动人体变化规律的一门学科，但它是从分子的水平进行研究的，研究的结论与成果主要用于竞技体育与体育锻炼。

（二）体育生物学对体育课程体系研究的启示

与其他学科相比，体育具有“人体直接参与运动、知识与技能融为一体”的身体运动性特性，使得体育学科成为具有“技艺性”属性的综合性学科，技能的形成直接来源于身体活动。人体首先是一个生物体，是一种具有独立思维能力和创造能力的生物体，因此人类的体育活动都是建立在以生命系统固有规律为研究对象的生物科学之上的，人类的活动要符合生物的特性和发展规律。生物学基础对体育课程体系研究的作用主要表现在：体育课程研究者必须从生物系统的固有规律角度出发对课程进行研究和设计，彰显体育课程的技艺性属性，突出体育课程的学科特性，如注重人的身体发展规律、人体适应性规律、人体生理机能活动规律等。

1．注重人体的发展规律

人体的发展具有规律性，人体的各器官、组织、系统表现为不同的特征；人体的各组织、器官功能的发展水平和发育速度也是不同的，这种不同主要通过不同年龄阶段人体的身体形态、机能、素质等方面表现出来，使之具有普遍的规律性。体育运动通过人体参与体育活动来完善人的机体，达到健身锻炼的目的，人的身体发展规律为体育课程目标设置、体育课程内容选择、体育课程实施与评价等提供理论依据。

2. 注重人体适应性规律

人体适应性规律是根据生理学的新陈代谢规律提出的。人体在参与体育运动过程中承受一定的运动负荷，导致体内异化作用加强，能量储备下降；经过适当的休息和调整后，体内的同化作用加强，能量储备上升；在进一步合理调整和休息之后，人体内的能量超过原来水平。这三个阶段可称为"工作阶段""相对恢复阶段""超量恢复阶段"，是人体对运动适应的表现之一，也叫作"超量恢复"，这种适应特征为体育课程如何安排练习、有效地提高身体机能水平提供了依据。人体适应性规律是一般性的原理在不同的领域有不同的含义。"超量恢复"的原理用于运动训练领域时，超量是指极限负荷的量；用于普通学生时，超量是指已经适应了的量，是指学生的身体机能对某一运动负荷达到适应状态，可以适当地提高运动负荷，从而逐步地提高身体运动能力，提高学生身体机能的适应性。

3. 注重人体生理机能的活动规律

人体生理机能活动能力变化的规律是体育课程实施环节合理安排体育课程结构的重要依据。在运动过程中，人体的机能活动能力的变化是逐步进入工作状态的，先逐步上升，达到一定的高度，最后逐步下降。表现在体育课上，学生在上课初始阶段，必须逐步克服从安静至运动的惰性，包括物理惰性和生理惰性两个方面。物理惰性的克服是指身体特别是肌肉系统需要预热，称为热身运动。生理惰性的克服则是指通过改善人体内部的新陈代谢水平，逐步提高机体内部的能量供应，以适应运动负荷的逐步提高。课程结束，要使学生由运动状态向安静状态过渡，进行放松肌肉活动，以消除局部疲劳、逐步降低运动负荷，使学生得到适当恢复。

二、体育教育学理论

教育学是一门独立的学科，主要研究的是人类的教育现象及对教育问题的解决，揭示教育的一般规律。教育在人类生活中广泛存在。而体育教育学理论是有目的地培养体育人与社会人的活动，从而揭示出体育教育的规律，建构体育课程体系。

（一）体育教育学的主要内容

1. 教学过程最优化理论

教学过程最优化理论由巴班斯基在系统方法论的基础上于20世纪70年代初期提出的。

教学过程最优化指的是在全面考虑教学规律、教学原则、现代教学的形式和方法以及该系统结构的特征及其内外部条件的基础上，以师生在合理时间内有效完成教学任务为着眼点，组织对教学过程的控制，以保证从一定标准看教学过程（在最优化的范围内）在规定时间内发挥着最有效的作用。

简单来说，教学过程最优化就是教师有目的地选择一种确保教学过程的最佳方案。它能保证师生用最短的时间和最少的精力取得特定条件下的最大收益，使每位学生都得到良好的发展，使教学效果达到最优化。

教学过程最优化包含下面几个因素。

（1）遵循教学规律，根据教学规律所论证的教学方法、教学原则、教学组织形式和教学手段来进行教学。

（2）考虑教学条件，包括教学的外部条件和教学中师生的具体情况。

（3）对比分析各种教学方案，从教学具体情况出发对最佳方案进行选择，以对教学活动过程进行调控。

（4）随时对师生教学活动的进程进行监控和调整，以期获得良好的效果。

（5）在规定时间内争取获得最好的发展效果。

上面几个因素至关重要，缺一不可。选择教学过程的最佳方案这一因素是关键，获得最佳教学效果这个因素是本质。

2. 有效教学理论

有效教学理论是教育学理论的一个重要组成部分，是综合理论与应用的一门科学。它通过对一些教学现象与问题进行研究，从而对教学内部一般规律进行揭示，同时对遵循教学规律解决教学问题的方法和手段进行研究。

我国学者对有效教学做了以下解释。

（1）从“有效”与“教学”两个概念出发解释有效教学。“有效”就是教师经过一段时间的教学后，学生获得的进步或发展。换言之，评判教学是否有效的指标是学生是否进步与发展。“教学”指的是教师促进学生学习的行为策略，主要包括吸引学生的学习兴趣，调动学生的学习热情，明确教学目标，采用有利于学生理解和接受的教学方法等。

（2）用经济学中的概念解释有效教学。在有效教学的解释中，沿用经济学的效果、效益、效率的概念。这几个概念的解释如下。

第一，效果指的是教学活动结果与预期教学目标的吻合度。

第二，效率指的是以少的投入换取高的回报，教学效率等于有效教学时间与实际教学时间之比。

第三，效益是有效教学的核心，指的是教学活动的收益与价值的实现，即预期教学目标与个人教育需求的吻合度。

综合以上三个概念，认为教学有效性指的是教师遵循客观教学规律，为使个人和社会的教育价值需求得到最大限度满足而组织实施的教学活动。

总之，有效教学的实践过程是先将有效的“理想”转化为有效的“思维”，再向有效的“状态”转化的过程。由此，可以将有效教学解释为有效达成教学目标并自觉树立科学教学观，综合利用一切教学方法和策略，使教学理想转化为促进师生全面发展、不断超越的教学形态的过程。

（二）体育教育学理论对体育课程体系研究的启示

1. 教学过程最优化理论对体育课程体系研究的启示

巴班斯基的教学过程最优化理论对我国体育课程体系研究的启示主要有以下几点。

（1）体育课程教学过程是师生的互动过程，主要有四个组成部分，分别是互动的设计、实施、结果和反思，教师互动教学时要树立互动教学的整体观，将体育课程教学中各部分的整体功能充分发挥出来，以便在规定的时间里获得最好的教学效果。

（2）在很大程度上可以将体育课程教学的有效性理解为“以最少的必要时间和精力，争取最大可能的教学效果”。这是教学最优化理论的基本观点。在体育课程教学中，师生的互动包含互动效果、互动效率、互动效益。从教学最优化理论出发，促进体育课堂互动效果的提高，主要是着眼于体育课程教学过程的最优效果和效率，而非教学过程中各变量的定量和推演。

（3）要在体育课程教学及管理中实现最好的互动效果，实现课堂互动过程的最优化是最重要的前提条件，指的是在遵循体育教学规律的基础上，对互动环境、内容、技巧、广度与深度以及学生特点进行综合考虑，对一种能使师生用最少时间和精力获得最好发展的有效互动方案进行科学制订，并在实践中有效实施。

体育课程体系研究过程是一个由各因素形成的系统，只有对各因素间有规律的联系进行充分考虑，依据关键与本质的东西，才有可能将最优的体育课程教学与互动方案挑选出来，并从现有的课程教学、教学管理及师生实际情况出发，以一定的教学标准和管理标准为依据来促使体育课程教学、互动及管理取得最佳效果。

此外，在同样条件下，体育课程教学、互动与管理任务完成得最好，体育课程教学、互动与管理消耗的时间和精力最合理，也可以说达到了体育课程教学、互动与管理的最优化，这是从效果和效率的有机统一方面理解的。

2. 有效教学理论对体育课程体系研究的启示

有效教学是体育课程体系研究的重要理论依据，以上关于有效教学概念的解释中，从经济学概念（效果、效率、效益）和学生参与度与发展度两个视角解释有效教学对体育课程教学管理的重要作用。

（1）在经济学视角下，体育课程教学研究的“效果”指体育课程教学结果与预期目标的吻合程度；“效率”指在一定的体育课程研究投入产生的研究成果产出，也就是在体育课程教学中，师生通过共同努力能完成的预期管理目标；“效益”指通过体育课程教学中师生的努力，既实现了教学的价值，达成了教学的目标，且教学结果吻合预期教学目标，个人与社会的教学需求得到了满足。

（2）学生的参与度和发展度是表征体育课程教学有效性的重要标准。

第五节　系统论基础

一、系统论

系统科学是马克思主义唯物辩证法普遍联系原理的具体化和深化，是研究事物整体联系和运动发展规律的科学，将系统科学的思想原则作为学校体育课程研究的方法论基础，具有一定的理论意义与实践价值。在本研究中，“体系”和“系统”是两个含义互通的名词，系统多用于系统科学理论本体及应用研究，体系多用于体育课程的构成要素；系统是体系的科学依据，体系是系统性的研究成果。

二、系统科学的基本理论原则

系统科学的思想原则和方法主要体现在整体性、有序性、动态性、开放性和最优化等几个方面。

整体性是指认识主体始终把研究对象视为一个整体，认为世界上的各种事物、过程都不是彼此孤立、杂乱无章的偶然堆积，而是一个合乎规律的、由各要素组成的有机整体。系统整体的性质和规律只存在于各要素的有机联系和相互作用中，各要素的孤立活动的特征不能反映系统整体的功能和特征。

有序性是指系统内部要素的相互联系及组织结构的层次性和等级性。所有的系统都由要素构成，系统和要素的区别是相对的，一个系统只有相对于构成它的要素而言才是系统，而相对于由其他事物构成的较大系统而言，它又是一个要素，也可称为一个子系统或分系统，因此系统具有层次性和等级性，系统中要素的组织结构方式，即要素活动的秩序决定着系统的功能。

系统的动态性和开放性是相互联系的，任何系统都不是固定不变、孤立存在的，系统总是在同外部环境的相互作用中调整着自己的要素和结构，系统是在从无序向有序、从低序向高序和从有序又向无序的反复过程中，以整体性的运动方式得以形成、演化和发展的。

最优化是用系统科学的方法研究问题的最终目标。

总之，系统科学的研究方法始终立足于从要素、结构、功能与所处环境的相互联系和制约的关系中，分析系统中各要素的结构功能，有意识、有目的地使系统内各要素达到最佳构建和配置，以求系统形成结构最优化和功能最优化的整体效应。

三、学校体育课程体系的层级结构

系统的根本特性是整体性。系统具有整体性是由于组成系统的各要素之间存在着有机联系，并呈现一定的层级等级，整体性来源于有序性。因而，研究学校体育课程体系主要从以下两个方面着手。

（1）学校体育课程体系的各种要素是以何种层级结构形成整

体联系的。

(2) 学校体育课程体系的整体性是如何形成的。

现实世界的一切事物、过程都是由相互联系的要素构成的整体,系统是物质和社会的普遍存在和发展形式。系统的种类根据要素的性质可以分为物质系统与精神系统、自然系统与社会系统、天然系统与人工系统等;根据系统的规模可以分为超系统(巨系统)、大系统、中系统和小系统等。研究系统的整体性,则要从系统的性质和要素的层级结构着手。

根据体育课程体系的性质和特点,参照系统科学关于系统分类的研究方法,按照“子系统”和“分系统”两种方式来划分学校体育课程体系的层级结构。子系统主要反映系统的等级性,即系统的每一等级包含有相对独立的多个子系统,系统可以视为在这些子系统的相互联系中产生的整体。系统与子系统的联系方式是下级子系统的集合形成上一级系统,由此关系形成由上而下或者由下而上的系统等级。根据这样的结构形式,可以把四个学段的体育课程作为四个相对独立的子系统,四者的集合构成学校体育课程体系。四个学段的子系统相对独立,各自具有教育者、受教育者、教育内容及载体等基本要素的相互联系,且要素之间的联系方式丰富多样。

所谓分系统,是指系统的各级子系统在某些方面具有意义关系或实体联系,由这些意义联系的方面或有贯通性质的要素以一定的秩序组织起来的系统构成所属系统的分系统。分系统的研究方法具有十分重要的意义,对任意系统的研究不仅包括各子系统(或要素)的研究,还包含对其相互关系的研究以及分系统与分系统之间关系的研究。大中小学的体育课程体系均由课程目标体系、课程内容体系、课程实施体系和课程评价体系等要素构成,每一个要素构成一个分系统。

第二章　新课程标准解读与学校体育课程改革探讨

体育课程反映了国家对体育人才培养规格的要求，新课程标准是编写教材的重要依据。在新的课程标准之下，学校体育课程面临改革的重大问题。课程的改革涵盖了教学的改革。课程改革和教学改革是同步进行的。

第一节　新课程标准解读

随着课程改革的逐渐深入，体育教育思想发生了很大的变化，一些落后的、难以适应时代发展和教学需要的传统教育思想被先进的教学思想所取代，极大地促进了体育教育的发展。我国体育教育思想发生了很大的转变，这些转变突出表现在以下几个方面。

一、"健康第一"的指导思想

"健康第一"是在我国最先引起重视的一种新兴体育教学思想，它强调了体育对于促进学生健康发展的重要性，要求体育教育必须为促进学生的身体健康、心理健康和提高学生的社会适应能力服务，通过体育教学，使学生的身心健康得到发展，并使其更好地适应社会。

二、突出了学生主体的教学思想

在体育教学活动中，学生是体育教学的主体，因此体育教学活动必须围绕学生开展，为学生自身的发展服务，充分调动学生进行体育学习和参与体育实践的积极性与主动性。

体育教学实践表明，只有学生的主体地位明确并在体育教学实际中得到贯彻，才能实现体育教学对学生全面发展的促进。

三、注重和谐师生关系的建立

现代先进的体育教育思想要求教师真正关心学生，发扬教学的民主性，在师生之间、学生之间形成良好的教学气氛，营造良好的体育教学环境，从而促进教学水平的提高。

四、关注学生在体育教学中的运动情感体验

学生的情感体验在体育教学活动中非常重要，它是培养学生体育学习兴趣和体育意识的关键，是促进教学质量提高的重要因素。现代体育教学思想可以根据学生心理活动的规律来组织教学，能满足学生的心理体验，提高学生的学习兴趣。

五、重视课程资源的开发利用

体育课程标准将体育教学内容与方法的选择权与制定权交给了体育教师，体育教师对体育教学内容的选用将直接影响体育教学效果，在这里，体育教师发挥着关键作用。体育教学内容是实现体育教学目标最重要的载体和参考资料，体育教学必须围绕学生开展，充分调动学生的积极性和主动性，因此必须重视对体育教学内容资源的开发和利用。在体育教学中，应由体育教师根

据学生的身心特点合理选择教学内容与方法，这是符合体育教学实际的做法。在新的体育教育思想的指导下，有的体育教师还开发出一系列具有较强健身性与娱乐性的教学内容，进而提高体育教学的质量。

六、科学的体育教学评价

在体育教学评价体系中，多元学习评价是新体育课程改革的一个亮点，这种教学评价非常重视学生的自我评价与相互评价，通过学生的自评和互评，能在很大程度上提高学生学习的积极性，促进教学水平的提高。

随着教学评价体系的逐渐发展和完善，新的评价体系不仅注重对学生进行全面的评价，而且注重对教师教学方面的评价。在教学过程中，评价者开始注重“区别对待”的原则，针对教师和学生的各自情况进行相应的评价。

在实际的体育教学中，由于受观念、经验、时间、精力等多种因素的影响，并没有真正建立和贯彻落实科学的体育学习评价体系，教学中存在着学习目标过多、学习目标的表述不够规范的问题。自主学习、合作学习、探究学习是先进的现代体育教学模式，但在教学的具体运用中，教师往往只关注外在形式，对其实际效果重视不够，导致教学没有达到相应的效果。在学习评价方面，教师的评价过于主观，容易言过其实，不能客观地反映学生的学习和发展情况，使学生的学习受到影响。

新课程改革为体育教师发挥出能动性提供了更大的空间，广大体育教师应认真把握好新课程标准，不断探索新的教学方法、手段、模式等，不断提高自己的业务能力与专业水平，促进教学质量的提高。学校体育部门要格外重视师资队伍的建设，一些创新能力较强的体育教师可将他们的知识、技术水平和思维施展在体育教学中，在体育教学的各个环节加以推广和渗透，从而促进体育教学效果和质量的提高。

第二节　学校体育课程改革的理论基础

一、体育课程的内涵

（一）体育课程的概念

1. 课程的概念

课程在体育教学中占据着非常重要的地位，它是基础，是核心。研究者们对课程进行了不断研究，但由于研究者的出发点和研究角度不同，以及课程自身的复杂性，对于课程的概念，学界还尚未有一个统一的结论。

以下是《简明国际教育百科全书·课程》中关于课程的定义。

(1) 课程是在学校建立的一系列具有潜力的经验，目的是训练儿童和青年以群体方式思考和行动。这是史密斯等人的观点。

(2) 课程是学习者在学校的指导下所学得的全部经验。福谢伊是这一观点的支持者。

(3) 关于课程，古德拉德认为课程为学校传授给学生的、旨在使他们取得毕业资格、获得证书或进入职业领域的教学内容和具体教材的总计划。

(4) 课程是一种对教师、学生、学科和环境等教材组成部分的范围的方法论的探究。这是韦斯特·伯里和斯泰默关于课程的定义。

(5) 课程是学校的生活和计划，一种指导生活的事业，是构成一代又一代人生活的生气勃勃的生活流。这是鲁格关于课程定义的观点。

(6) 塔巴认为，课程是一种学习计划。

(7) 课程是通过有组织地重建知识和经验而得到系统阐述的有计划、有指导的学习经验和预期的学习结果，在学校的帮助下，推动学习者个人的社会能力不断地、有目的地向前发展。这是坦纳对课程的定义。

(8) 贝斯特认为，课程基本上由五种大范围的学科学习组成，它们是：掌握母语；系统地学习语法、文学和写作；数学；科学；历史；外国语。

(9) 课程被看作有关人类经验的范畴，而不是结论的可能思维模式的不断扩大的范畴。这是贝尔思有关课程的定义。

课程就是有计划的系统的教学内容，是一系列教学科目的集合，这是我国教育学中对课程的一般看法。具体来说，“教学计划”“教学大纲”“教科书”所规定的和表述的那些教学内容就是课程。课程就是课堂教学、课外学习以及自学活动的内容纲要和目标体系，是教学和学生各种学习活动的总体规划及其过程，这是李秉德教授关于课程的观点。

2. 体育课程的概念

体育课程在学校课程中不可或缺。同课程一样，我国体育课程的概念也存在着多种定义。

虽然对于体育课程概念的认识各不相同，但通过对体育课程的各种看法进行分析，可以发现，人们对于体育课程的观点，有些方面是一致的。

首先，在学校教育中，体育课程是一门具有综合教育功能的课程，对于实施素质教育有着非常重要的作用。

其次，体育课程是一种独特的教育方式，需要通过学生的身体运动来实现，并使学生在身体练习和身体的直接感受中提高体能，发展心理品质。

再次，体育课程是这样一种科目，其基础是其他相关学科，主要传授内容是身体运动原理，在提高学生运动能力的同时还应培养其对运动原理的掌握。

最后，体育课不是体育课程实现课程目标的唯一形式，学校其他有计划、有组织的体育活动也是其重要途径，依托于体育课堂教学，延伸至丰富多彩的课余体育活动是体育课程的形式。

根据上述关于体育课程的共同认识，为了便于对体育课程进行研究，可以将体育课程的概念界定为：体育课程是以相关学科为基础，以身体运动原理、保健知识为内容，以学生的直接身体运动为形式，开展有计划、有组织的课内外活动，从而提高人体机能、实现心理健康目标的学校教育科目。

（二）体育课程的构造

按一定标准选择和组织起来的课程内容所具有的各种内部关系就是课程结构。体育课程构造的特殊性如下。

1. 课程的内容

内容在课程中非常重要，从一定意义上说，全部课程问题可以归结为内容问题，可以说，课程的设计、课程的目的、课程的评价以及课程的实施都与课程的内容相关，因为它们都可以理解为围绕着课程内容的安排及其结果展开的。

体育课程的内容非常广泛，体育基本理论知识、各种身体运动素质锻炼内容和多个运动项目的技术技能都包括在其中。通过体育课程，要使学生获得一些与健康生活、体育运动密切相关的知识和原理，而且要通过身体练习使学生的体能得到提高，让他们掌握促进自身体育健康的能力，并通过以身体活动方式为主的课程，培养他们良好的心理水平。体育教学内容很多，体育课程教学的任务也很艰巨。

体育学科是一个年轻的学科，因此对体育学科的本质和特性还没有形成定论，这需要广大体育科研工作者进行更为深入的研究。随着时代的变迁，体育的功能和价值也在不断发生变化，在原有基础上，涌现出了各种新的和外来的运动文化与形式。如何科学地构建体育课程的内容成为体育学科的核心问题。所谓科学的构建，既要把握体育学科的本质属性，又要与社会的发展和人才培养的目标相结合。

2. 课程的时间和空间

体育课程内容的编排受到体育课程时间和空间的制约和影响。

体育课程是学校教育的组成部分，体育课程的时间问题就是指体育课程的这种时间上的持续性，它从小学开始到大学毕业始终伴随着学生的成长。从学生角度来说，随着时间的推移，身体和心理会发生一定的变化。因此，在不同的阶段，学生在身体和心理方面会呈现不同的特点。体育课程必须从学生的身心特点出发，在选择和编排课程内容时做到合理有效。在体育课程内容先后顺序的安排中，学生身心发展的规律有着重要的指导作用。不同的年龄阶段，需要培养发展的能力是不同的，这也是开设(或特别侧重)特定体育课程内容的依据，因为只有在力量、协调或者运动文化理解形成的最佳期，开设相应的体育课程内容，才能获得最为理想的效果。

体育课程与其他学科课程不同，它的主要教学组织形式和内容需要在广阔的空间内进行，甚至是以场地来命名的，如“田径”“沙滩排球”“郊游”等，如果离开了特定空间，这些内容就会发生质的变化，甚至内容本身就不存在了，这就是体育课程的空间问题。由于体育教学内容受到空间的制约，体育教学内容在很大程度上依赖于场地器材，因此场地、器材、规则就成为体育教学内容的重要组成部分。这就要求，在体育课程的编排上也需要对学校本身的条件、不同运动项目以及学生人数等所需的空间问题进行充分考虑。

3. 课程实现的载体

课程就是课堂教学、课外学习以及自学活动的内容纲要和目标体系，是教学和学生各种学习活动的总体规划及过程。课堂教学、校内组织的其他形式的体育活动以及相关的体育教材和各种辅助材料都是体育课程的内容，体育课程的呈现与实现就是通过这样一些载体来达到的，体育课程要达成目标，这些就是所需的必要条件。

体育课程从学生身心发育的特点出发，遵循基本的教育性、科学性原则，通过课堂教学活动为学生传授进行体育锻炼的基础知识，培养学生的运动技能，发展学生的体能，促进其身体健康发展。而如大课间体育活动、课后体育活动、体育竞赛等校内各种其他体育活动，则是在更大范围内组织和调动学生进行体育锻炼，让学生在不同的场合和情境中获得有关体育方面的感受，从而进一步落实和促进学校体育课程目标的实现。此外，体育教科书也是体育课程目标实现的一种载体，那就是在课堂上，学生可以学到知识和运动技能，在课后，这些知识和运动技能可以通过体育教科书进行巩固，从而使认识加深；教科书是一种辅助学生学习的手段，在课堂上还可以充当学习卡片、记录手册等，促进教与学目标的达成；学生还可以通过教科书来扩大自己有关体育内容的知识面，使学生对体育的总体了解得到加强。

（三）体育课程的特性

1. 体育课程的内容

众多的竞技运动项目和身体练习组成了体育课程，其中还包括数量很多的运动素材，这在一定程度上体现了体育教学内容的繁多。体育教学内容的范围很广，可以是具有规范竞赛规则的竞技运动项目，可以是我国民族传统的一些运动项目，可以是小巧好玩的身体游戏，还可以是一些具有体能锻炼效果的练习方法以及一些表演性、娱乐性很强的活动。体育课程的内容多样，而且各种内容之间具有很大的差异性。这种情况既给体育课程内容的选编提供了较多的选择，又使内容的选择面临困难。

通过身体活动对学生进行教学是体育与其他学科最大的不同之处。身体活动具有许多特点，如空间自由性、人际交流的便利性、教学效果的行为判断性、外界干扰的复杂性，同时运动的

“热血”效果还容易导致情感激发性和外露性的出现，因此体育学科对人的影响是多方面的。

2. 体育课程的非逻辑性

体育、美术、音乐、技术教育等以各种技能、知识为主要内容构成的学科，主要是一种并列的内部关系，如篮球和体操先教哪个都可以，只要对规则、道具和动作进行改造，任何一个项目都可以变得很难或很容易，二者可以互换和颠倒，甚至可以取消其一，很难说一个内容是另外一个内容的基础或提高，二者之间没有很强的依存关系，二者在很多时候还可以达到共同的教学目标。由于从众多的运动素材中选编出来的体育课程内容更多时候看上去是一种并列关系，而不是一个清晰的从易到难、从基础到提高的内容体系，内容的递进呈现出非逻辑性，体育课程的起点和终点无法确定，体育课程的编制因这种情况而面临着一定的困难。

3. 体育课程载体和途径的多样化

载体是课程实现的一个重要条件，载体上承载着课程的内容，课程目标的完成是通过载体功能的发挥来辅助、促进的。前面已经提到，具有非常丰富的内容体系是现代体育课程的一大特点，随着时代的变迁，体育课程会引入一些现代化教学手段。体育课程的载体不仅包括教科书（学生用书和教师用书），还可以辅以相关的视频、网络化学习、体育学习卡片等。体育课程的教学已告别单纯的讲解和示范，学生对各种动作、运动项目的学习和理解会变得更加直观、生动、丰富。在体育课程目标的实现中，不同的载体对学生认识、理解、体验和运用体育课程内容起到了帮助作用。因此，怎样对这些课程载体进行有效的利用，使体育教学质量得到提高，使学生学习的兴趣和学习效果得到提高，已成为需要不断研究和探索的课题。

载体是实现体育课程目标的重要条件，除此之外，还有丰富多彩的途径可以实现体育课程目标。体育课程的目标仅通过体育课堂教学无法完成，其他一些途径也是必要的，这也是体育课程的一个重要特点。其他的途径包括中小学的大课间体育活动、课余体育锻炼、各级各类体育竞赛、运动会、体育文化节等，作为体育课程课堂教学的延伸和运用，这些不同的方式、途径对体育课程目标的实现具有很好的促进作用，是学生学以致用，展现体育学习、锻炼成果的有效方式。校园体育文化内涵不断丰富，为了使体育课程目标实现的途径更加多样化，各级各类学校要积极探索、尝试不同的体育学习方式和途径。

二、体育课程设置的基础

（一）体育教学系统的特性

体育教学系统既有复杂系统的共同特性，又有体育教学活动自身独有的特性，以下几个方面是其主要表现。

1. 目的性

体育与健康课程是体育教学系统的目标，这就是体育教学系统的目的性。具体来说，体育教学系统把系统的体育与健康的科学文化知识传播给学生，它对学生身体、心理的全面发展起到重要的促进作用，它使体育教学系统的有序性得到提高，使进入体育教学系统的各要素具有共同的方向，从而使体育教学系统的既定功能得到有效实现。

2. 控制性

一个系统要获得所需要的功能，维持正常运行，必须对各要素进行控制，因此协调的控制机制是实现体育教学系统既定目标的条件。反馈是控制的基本条件，在体育教学系统中，通过体育教学评价为系统运行提供反馈信息，体育教学系统能够得到有效的控制，从而使教学的目的和任务得到实现。

3. 整体性

体育教学系统是由各要素组成的，但这些要素不是简单的集合，也不是孤立存在的，教学系统内部各要素是紧密联系在一起的，其目的是使体育系统的基本功能得以实现。

体育教师、学生、教学内容、教学媒体和教学方法是体育教学系统的五大构成要素，也是体育教学系统整体性的主要组成。其中体育教师的主要任务是传授体育知识技能和锻炼方法、组织教学活动，如果离开了教师，学生的学习就没有了引导。学生要素也不可缺少，一旦离开了学生，体育教师就没有了特定的施教对象，成为一般的传播者。在体育教学中，教师教和学生学的客观依据是体育教学内容，教学内容的传播要以某些体育教学方法和体育教学媒体为手段，其中教学方法和教学媒体也是相辅相成、相互关联的。

4. 复杂性

体育教学系统的构成要素众多，各要素不同程度地具有不确定性，并且各要素之间的关系纵横交错，所以体育教学系统具有复杂性。以体育教师和学生这两个主体要素为例，其教与学的效果取决于各自的知识、技能、传播沟通技巧、身体素质水平、社会和文化背景、教与学的态度等。相互作用需要由一系列的体育教学目标、体育教学内容、体育教学原则、体育教学方法、体育教学媒体等来维系。

5. 开放性

体育教学系统要实现自我维持还需要不断与环境交换能量和信息，社会的政治、经济、科技、文化、教育等发展约束或影响着它的构成和运行，同时体育教学系统又会对这些社会因素产生反作用。因此，作为一个开放性系统，体育教学系统具有开放性这一特点。

6. 成长性

高水平的体育师资、适应社会发展的体育教学内容以及体现科技水平的体育教学媒体成为培养现代化人才所需要的条件。因此，在体育教学系统中，体育师资水平的不断提高、学生的不断进步、体育教学内容和方法的不断更新以及体育教学媒体的多样化，都是对体育教学系统具有高度成长性的充分说明。体育教学系统要在教学中成长得更加完善，成长性这一特点是必须具备的。

7. 动态性

体育教学系统的动态性也通过体育教学系统的成长性得以体现。一方面，体育教学系统的相对稳定性的维持需要通过一系列的计划、条例、原则的制定来实现；另一方面，又要根据环境的变化，创造出新的体育教学思想、体育教学方法、体育教学模式和体育教学媒体。体育教学系统的构成要素表现出一种动态的平衡。

8. 反馈性

系统还必须具备自我调节的能力，这是维持体育教学系统的平衡和稳定，保证其正常运转的需要。反馈是指从系统的环境中所收集到的有关系统产物的信息，尤其是那些与产品的优缺点有关的信息或者由系统产生的错误所导致的信息。通过反馈这一环节，可使系统处于一种相对稳定的状态。

总之，体育教学活动是一种社会实践活动，它自成一个系统，同时是学校教育系统中的一个子系统。作为一个复杂的系统，体育教学课程设计受到诸多教学要素的影响和制约。因此，要设计出高质量的体育课程教学方案，必须从系统理论所提供的思想和方法出发，对体育教学设计的过程进行研究，同时了解体育教学设计各要素的结构、功能及特点并对各要素的功能进行整合，深入了解各要素之间的关系，并通过严密分析和精心策划，使各要素对体育教学设计的良性作用得到充分发挥。

（二）学生身心发展规律

1. 生长规律

人体的生长发育是一个连续、统一的发展过程。社会环境、体育锻炼、遗传、营养等因素都会对人体的生长发育产生影响，因此个体差异的存在不可避免，但人体的生长发育遵循着共同的基本规律。身体形态、生理机能和身体素质等方面是青少年生长发育规律的主要体现，它们之间存在着相互依存、相互影响、相互制约的关系。

随着年龄的增长，青少年的身体形态不断变化，青少年的这种生长发育过程是有着一定规律的，即不是匀速直线上升，而是呈一定的阶段性特征，青少年各个系统的特点和功能会因发育的不同阶段而呈现出较大的差异。随着年龄的增长，身体素质的变化有着明显的年龄特征和性别差异。

（1）身体素质发展的敏感期

在身体素质的发展中，有一个时期身体各项素质发育最快，这个时期就是“敏感发育期”。一般来说，10～12 岁为速度素质的敏感发育期；力量素质的敏感发育期为 13～17 岁；耐力素质的敏感发育期为 10 岁、13 岁和 16 岁；协调性、灵敏性、柔韧性的敏感发育期为 10～12 岁；反应速度、模仿能力的敏感发育期为 9～12 岁；跳跃耐力增长期女孩为 9～10 岁，男孩为 8～11 岁；背肌和腿肌力量猛增期女孩为 9～10 岁，男孩为 9～12 岁和 14～17 岁；臂部肌肉力量增长到 15 岁就开始发展缓慢。强度适中的工作耐力，女孩稍早些，男孩在 8～10 岁。体形发育最快的时期男孩为 11 岁、13 岁和 17 岁，女孩从 11 岁起每隔两年出现一个高潮。

因此，在青少年身体素质发展的敏感期，加强对青少年身体素质的锻炼是至关重要的。选择在青少年身体素质敏感期进行锻炼，主要应注意以下几点。

第一，抓紧儿童身体素质的各个敏感发育期，提早有计划地让孩子进行锻炼。例如，在小学阶段，进行儿童神经系统与视听系统发展平衡、协调、反应、灵敏、柔韧性的素质训练。

第二，在青春期，除进一步加强灵敏、速度性项目的锻炼外，应加强力量素质锻炼，如做单杠的引体向上、纵跳、练习哑铃和投掷等。当身高增长减慢时，可逐渐增加运动负荷。

第三，耐力素质受心血管、呼吸和神经系统发育程度的制约。以肺活量来说，青春期开始以后提高较快，16～17 岁可达最高水平，不过心肺系统从发育到健全比其他系统晚。因此，青少年时期必须注意保护心肺系统。其运动量和强度均不宜过大，以避免意外事故的发生。

第四，注意男性与女性在发育和体形方面的差异。女性身体的发育比男性早，但素质能力比男性低。18 岁以后差异会越来越明显，其中力量素质差距会越来越大。所以，女性应该抓紧其“黄金”时机，在进入青春期后要重视体格锻炼，使体态更加健美。

(2) 青少年生长发育规律与体育课程设置

体育教学是以学生的身体练习为主要手段的，体育教学的核心是促进学生的健康、增强学生的体能，目的是培养学生的全面发展。体育课程设计是为了最大限度地促进学生的生长发育，提高学生的身体机能，增强学生的体能。因此，要充分了解青少年学生的生长发育规律、有机体的机能特征以及不同年龄阶段学生的身体素质特点，从而为进行具体的体育课程设计方案提供基础和条件。

青少年的生理特点对体育课程设计有着重要影响，主要表现在以下几个方面。

第一，在对学生的学习需要和具体特征进行分析时，尊重学生的生理发展特点，有利于我们准确把握体育教学中存在的问题。

第二，在分析、确定或创编体育教材内容时，要考虑青少年的生理发展特点，使选择的体育教材内容充分发挥其在体育教学中的载体作用，为体育教学目标和任务的完成提供条件。

第三，在制定体育教学目标、选择体育教学策略和安排体育教学的过程中，遵循学生的生理发展特点，有助于设计出适宜的体育教学目标、有效的体育教学策略，以及丰富多彩的体育教学内容。

总之，在进行体育教学设计时，要遵循学生的生长发育规律，重视各种规律对体育教学的积极影响和制约。只有这样，才能设计出真正体现体育课程新理念、新目标和新任务的方案。

2. 身体机能的适应规律

在正常情况下，人体各器官系统的活动相互协调、相互制约。处于相对平衡的状态。适应就是使有机体内外环境不断取得平衡的过程。这种相对平衡的状态是人体生命存在和人体机能正常活动的必要条件。身体机能适应规律不仅能有效地增强体能，而且能促使有机体的运动系统、神经系统、心血管系统、呼吸系统和能量代谢系统等的机能水平向有助于健康的方向发展。

(1) 身体机能适应规律的过程

在运动过程中，学生的身体机能的适应规律一般要经历工作阶段、相对恢复阶段、超量恢复阶段和复原阶段等四个阶段。

第一个阶段是工作阶段，在这一阶段中，人体内各器官机能的活动和能量的合成水平得到提高，但同时消耗了体内储备的能源。

第二阶段是相对恢复阶段，也就是人体机能恢复到运动前水平。

第三阶段是超量恢复阶段，在这一阶段，通过休息，人体能源储备和机能都超过了原有水平。

第四阶段为复原阶段，在这一阶段，运动痕迹效应逐渐消失，人体机能又恢复到原有水平。

通过对以上人体机能适应规律的分析可知，人体的机能要想得到不断增强，在第一次运动结束后，第二次运动必须在超量恢复阶段开始，这是在遵循人体机能变化规律的基础上得出的结论。

面对外界环境，生物有一个适应过程。由于受到外界环境变化的影响，机体内环境的平衡被打破，机体内外环境相对平衡的维持要求重新调整体内的各种功能。在体育教学中，学生在经历系统的体育教学和锻炼过程中，身体内部会逐渐产生一系列的生化和物理性变化，这种变化随着体育教学活动的进行和锻炼时间的迁移形成量的积累，身体机能对之逐渐适应，身体机能的适应能力也不断增强，这就是学生身体机能适应规律。

（2）身体机能适应规律与体育课程设置

在体育教学中，以体育活动和锻炼为手段，从而增强体能、增进健康。

学生身体机能的适应规律，影响着体育课程的设计，这主要表现为两个方面。

第一，在进行设置时，对学生身体机能的适应规律进行准确把握，对体育课程方案设置的科学性和有效性有很大的帮助。

第二，在选择具体的体育教学模式、体育教学方法和体育教学手段时，为使学生体能和活动能力得到增强，健康水平和体育动作技能得到提高，应遵循学生的身体机能适应规律。

3．心理发展规律

（1）学生的心理发展特点

认知发展、情感和意志发展、个性发展是青少年学生的心理发展的三个方面，下面进行具体分析。

第一，认知发展主要包括感知、注意、记忆、思维和想象。随着年龄的增长，青少年的认知发展发生变化，并在不同的年龄阶段表现出较大的差异性。

第二，在青少年情感、意志的发展过程中，情感具有内隐性及延续性，情感丰富、生动，表现强烈、鲜明，但对情绪、情感的控制能力不够强。随着年龄的增长，学生意志的独立性和坚持性迅速发展，自控能力和果断性也得到提高，但草率和冲动的行为仍然存在。

第三，个性发展包括个性心理特征（性格、气质、能力）和个性心理倾向（需要、动机、兴趣和世界观等）。在不同的年龄阶段，青少年的个性心理特征和个性心理倾向具有不同的特点。

对不同年龄阶段学生的心理特征进行充分了解和掌握，对体育教学非常重要，这是更有效地实现体育教学目标，使学生的健康、体能得到增强，使学生掌握体育与健康的基本知识和技能，培养学生积极参与体育活动的态度和行为，培养学生健康的心理以及良好的社会适应能力的重要前提。学生学习和掌握体育与健康的知识和技能、增强体能、增进健康的过程不仅需要学生的身体参与，而且对学生的心理也有较高的要求。培养学生积极参与体育活动的态度和行为以及健康的心理，更需要我们深入理解心理学的相关原理，并在体育实践中加以有效应用。

(2) 学生心理发展特点与体育课程设置

在进行体育教学设计时，学生的心理发展特点是需要遵循的主要规律之一。因为学生的心理发展特点影响和制约着学生的体育学习效果。

学生心理发展的特点对体育课程设计的影响，主要包括以下几方面。

第一，只有对学生的心理发展特点有清楚的把握，才能对学生的学习需求和特点进行准确分析，保证学生起始状态确定的准确性，为后续体育教学活动的安排提供依据。

第二，只有对学生的心理发展特点进行了解，具体的、可操作性强的体育教学目标才有可能制定出来，也才能为体育教学活动的开展提供准确方向。

第三，只有充分掌握学生心理发展的特点，才能使体育教材内容的选择或创编与学生心理特点相符合，并使其在实现体育教学目标中的载体作用得到充分发挥，才能激发和保持学生对体育学习的兴趣，也才能调动学生的学习积极性和主动性。

第四，只有对学生心理发展的特点进行准确分析，高效的体育教学模式、方法和手段才能制订出来，才能保证体育教学目标的实现，才能为体育教学的全面实施提供完整的、具体的思路。

总之，体育课程设置的过程，需要体育教师对学生的心理发展特点和规律有充分的掌握，它是高质量体育教学方案的基础。

第三节　我国学校体育课程改革的现状

一、没有充分认识体育对全面发展的价值

我国的教育方针指出，应该使受教育者在德育、智育、体育等几方面都得到发展，但实际上并没有完全实现。从目前的情况看，多数学校对待学校体育工作的态度都是说起来重要，做起来不重要。学校更关心的是学校的招生、就业、专业排名、学科建设、科研经费、项目等问题，学校体育工作作为非主流的学科被置于边缘化状态。我国青少年体质健康水平持续下滑，引起了党中央、国务院的高度重视，要求教育部门要着重加强学校体育工作，教育部采取了一系列的加强学校体育工作的措施。在此背景下，部分学校的体育工作确实得到了重视和加强，但也有相当多的学校把国家加强学校体育工作的措施看成了负担，采取回避、应付、观望的态度，措施并没真正落实到位。造成这一状况的主要原因，是学校的认识问题。

学校的体育部门是主导学校体育工作的核心力量，管理人员的素质、认识水平、责任心是决定学校体育工作成效的关键。从目前了解的情况看，相当比例的学校体育管理人员进取心不强，长期不作为，只要上几节体育课，学生不出现大的伤害事故就好，

生怕出事，对上级的要求能应付差事就算完成了任务，很少站在国家的层面来思考学校体育工作对培养全面发展的人才的重要性，也很少主动改变学校体育长此以往的运行现状，同时对发挥学校体育在全面人才培养中的作用、在校内外争取资源和打造学校体育的发展平台缺乏足够的勇气。

学校领导层以及与体育工作密切相关的职能部门，普遍持有“学校体育是学生课余闲暇之时随便玩玩”的观点，只要体育工作不影响学校的主要工作，还是支持的，但如果矛盾一旦产生，往往会首先对体育工作提出反对意见，甚至会把体育上的所作所为，看成是多事和添乱，这是学校体育中普遍存在的现象。之所以会这样，关键还在于学校领导层和学校相关职能部门的管理者缺乏对学校体育工作的深刻认识。对此，刘延东在 2014 年全国学校体育工作会议上明确指出：“目前对学校体育工作的意义认识不到位，从社会、学校到家庭片面追求升学率的现象比较严重，现在确实存在重智育轻体育、重营养轻锻炼、重技能轻体能，学校体育仍然是个短板，因故挤占或停上体育课的现象仍然比较普遍。”

众多的教育家就体育对人才培养的作用有着诸多观点，从中反映出体育教育对人的全面发展不可替代的作用，这些专家对体育认识之深刻是值得学校领导层和相关职能部门管理者认真反思的。由于自身管理团队和学校领导层及相关职能部门管理者对学校体育工作存在认识上的不足，要深化学校公共体育的改革必然会遭遇到很多的阻力，出现种种问题，这是学校公共体育深化改革首先要解决的关键问题。

二、学校体育法律保障制度不完善

目前，在我国学校体育工作中遇到了许多难以回避和需要依法解决的矛盾，如由校园运动伤害、运动猝死等引起的纠纷等。法制是治国、治校的根本保障，完善的法制建设可为学校体育工作的开展和深化学校公共体育改革保驾护航，做到有法可依。

目前，我国涉及学校体育的法律法规还十分欠缺。

第一，我国的学校体育立法数量偏少。除了有《中华人民共和国宪法》《中华人民共和国体育法》《中华人民共和国教育法》等少量法律以外，其他绝大多数内容都是以通知、指示等形式出现的，不具备法律效力。在执行通知、指示的过程中，当遇到了法律纠纷而无法解决时，通知、指示的效力和权威性将不复存在，这无疑会给学校体育工作的开展造成阻碍。

第二，法律空白，立法滞后。特别是有关体育教学风险的界定和规避方面，立法几乎是空白，由此造成了目前学校普遍出现的，为了规避事故责任，删减了大量有风险的体育教学内容，如体操、长跑等。

第三，监管和评价机制不完善，体育教学活动缺乏相应的监管机制和评价机制作为保障。由此可见，缺乏学校体育开展的法制保障，严重阻碍了学校体育改革，以至于影响到大学公共体育深化改革的步伐。

三、对体育和体育课的态度反差

大学体育教学经过多年的改革，教学内容已经越来越丰富，学生对体育项目的选择面越来越宽，机会也越来越多，多数大学都开设了丰富多彩的体育选修课。尽管如此，还是存在不喜欢上体育课或是体育课上学生运动的积极性不高、缺乏激情的现象，这说明体育教学存在问题。学生对体育课缺乏激情已不仅仅是体育教学内容的问题，体育课教学内容形式单一、课程的组织多年不变、教学手段陈旧、教师专业水平不高等都是造成体育课缺乏吸引力的重要因素。

有调查显示，学生普遍认为长跑枯燥无味，缺乏吸引力，所以讨厌跑步，但对于羽毛球、乒乓球、网球、篮球、足球等项目，甚至是定向越野、爬山、远足等长时间、长距离的活动却很感兴趣。这说明学生对体育并不排斥，但对体育的内容和锻炼的形式会有选择偏好，这就是我们通常所说的体育兴趣。因此，改革不但要改变体育教学内容，而且还要改变教学内容的表达形式和体育课的组织形式。

如何创新地改变学生“喜欢体育，不喜欢体育课”的现象，是学校公共体育教学取得成功的关键所在。

四、体育场馆及设施功能建设仍不够完善

高校体育场馆及设施条件较中小学要优越得多，特别是随着各地大学新校区及大学城的不断建设，体育场馆及设施条件有了极大改善，运动场地的平均面积有明显提高，基本不缺乏运动场地。但高校的体育场地的构成及功能布置，与大学生参与体育锻炼对场地的需求之间仍存在着较明显的差距。

（1）多数大学缺乏室内运动场地，室内与室外运动场地相差悬殊，学生无法在风雨的天气里上体育课和进行体育锻炼。另外，在阳光强烈的夏日，学生特别是女生更喜欢在室内参与体育锻炼，但是多数大学的室内场馆明显不足，因此大学生参加体育锻炼的热情受到抑制，校园体育活动受到限制性影响。

（2）运动项目的功能布置不合理，特别是目前学生普遍喜爱的运动项目，如足球、篮球、乒乓球、羽毛球、网球、游泳、武术、健美操等场地及健身房缺乏，仅有的场馆人满为患，学生的运动爱好无法得到满足。相反，学生不喜爱的运动项目，则时常场地中无人锻炼、利用率不高，存在闲置和浪费现象。

（3）场馆设施的品质不高，容易造成运动损伤。目前，许多室外运动场地，如篮球、足球、网球等场地不符合运动要求，依然是水泥地面的场地、简陋的篮球架、没有网的篮筐、不整洁的排球网，不安全的现象普遍存在。由于高校体育场馆设施的专业化程度低，不但无法确保高水平运动员的正常训练，更对大学生的体育兴趣有着负面影响。

五、体育教师专业水平不高，执行力普遍不强

体育运动是借助肢体来表达美的一种身体语言。运动技能水平越高，肢体在运动中所表达的美感越强，对受众的吸引力越强，反之，则越弱。体育教师是向学生展现运动美的最直接的示范者，体育教师的专业水平高，就容易对学生产生影响力，成为学生效仿的对象和崇拜的榜样。

刘延东在2014年全国学校体育工作会议上，针对体育教师师资队伍建设问题，专门指出："要加强体育教师队伍建设，要针对缺编、凑数、老化、专业不精这样一些问题，抓紧调整教师结构"，"制定、落实优秀的退役运动员从事学校体育工作的有关规定"。国家已充分认识到体育教师存在的专业不精的问题，并敦促抓紧调整师资队伍结构，这对提高大学体育教师的专业水平是有力的促进。

从我国高校的整体情况来看，多数体育教师的专业水平不突出，无论是技术示范能力，还是教学讲解及组织能力，都表现平平，在育人和教学执行力方面，也是差强人意。以"三自主"教学改革为例，近几年来，为了调动学生的积极性，许多学校都采取了以培养学生体育兴趣为主导的"三自主"教学模式，但"三自主"的教学模式在开展的过程中存在着体育教师执行不到位的问题，主要表现在以下方面。

（1）"三自主"模式强调学生自愿选择学习内容，但在执行中，体育教学内容并没有根据学生的体育兴趣来提供，而是根据教师能开出什么体育项目为依据，学生没有真正进行自主选课。

（2）"三自主"强调学生自主学习，在执行中，体育教师由原来体育课的主导者，走极端变成了旁观者，说是迎合学生的自主学习兴趣，实际上放弃了教师引导学生学习的责任，体育课成了"放羊课"，导致运动强度不够，练习运动量不足，学生掌握运动技术动作不完整，改革效果微乎其微。

(3) 由于体育教师的执行力问题,"三自主"体育教学改革在许多学校效果不明显,教学内容简单重复,学生喜欢的运动项目开不出,教师能教的运动项目学生又不喜欢,最终导致学生参加体育的兴趣和积极性受损。

大学体育教师的专业水平不高和执行力不强的问题,是阻碍大学公共体育教学深化改革的关键因素。只有不断提高高校体育教师的专业水平和执行力,才能使改革措施落实到位,显现改革的成效。

第四节　影响学校体育课程改革的因素分析

影响学校体育发展的因素是多方面的,既有动态的,也有静态的;既有外部的,也有内部的;既有正面的,也有负面的。就整体而言,影响学校体育发展的因素包括宏观因素、中观因素和微观因素三方面,下面分别进行研究。

一、宏观因素

(一) 政治

政治是人类社会发展到一定阶段的产物和特定的历史现象。政治作为国家和政党的重大活动,对教育和体育有着非常重要的影响。这种影响必然也会通过一定的方式反映到学校体育的发展之中。

(二) 经济

经济是社会发展的基础,也是学校公共体育教育发展的影响因素,主要表现在以下三个方面。

(1) 经济为学校公共体育教育的发展提供了物质基础和条

件。经济制约着教育经费和体育经费的投入，这直接影响学校公共体育教育发展所需要的场地、器材等物质条件的建设。现阶段，我国整体经济发展水平还较低，对教育和体育的投入明显不足，学校公共体育教育的物质条件远远不能满足学校公共体育教育发展的需求，已经成为严重制约我国学校体育特别是偏远地区学校体育发展的一个重要因素。要解决这一矛盾，最终要依靠国家整体经济实力的增强。

（2）经济在一定程度上影响着人们对学校公共体育教育的态度。经济的发展带来的不只是个人收入的增加和生活质量的提高，在深层次上还会引发人们的观念、思维方式和行为方式的变化。随着我国经济的发展，人们对自己的健康更为关注，这不仅提高了人们参与体育锻炼的积极性，也提高了人们对体育的认识。在经济发展浪潮的引领下，学校的各种人员——教师、学生、行政管理人员对体育的态度也会发生相应变化，这在客观上为学校公共体育教育的发展提供了良好的人文环境，对学校公共体育教育的可持续发展有着重要的意义。

（3）经济对学校公共体育教育的内容、手段、方法、形式等产生相应的影响。经济的发展必然影响着学校体育内容、方法、手段、形式的相应变化，如新兴运动项目在学校中的开展、现代教育技术和媒体在体育教学中的应用等，都与经济的发展有着直接的关系。

（三）文化

教育和体育本身都属于文化的一部分，受到文化的制约，教育和体育目标的确立无不折射出一个国家和民族的文化传统与特性，如生活习俗、思维方式等。因此，学校公共体育教育的发展必然也受文化的影响，具体表现在两个方面。

（1）通过价值观如生命观、养生观等影响学校公共体育教育的指导思想和人们对体育的态度。例如，中国传统文化中强调身体、心理、环境三者的和谐统一，这对我们确定学校体育的目标是有积极意义的。

（2）各种民族、民间传统运动项目为学校体育提供了取之不尽、用之不竭的内容资源，可以通过挖掘、整理和创新，源源不断地将之转化为学生喜闻乐见的体育活动内容。这不仅可以丰富和拓展学校体育的内容体系，而且也有利于传统文化的继承与发展。

二、中观因素

（一）教育

学校公共体育教育是学校教育的重要组成部分，学校公共体育教育的发展必然受制于教育的发展。从教育的相关理论上说，教育的发展与学校公共体育教育的发展是一致的，但在教育系统内部，作为子系统的学校公共体育教育与其他子系统的发展并不平衡。这一方面取决于学校体育在教育系统中的地位，另一方面则是由相关的教育政策和体制决定的。概括而言，教育系统内部影响学校公共体育教育的因素主要有教育目的、教育体制和政策法规、教育思想等。

1. 教育目的

（1）教育目的决定了学校公共体育教育在学校教育中的地位。例如，我国的教育目的强调培养德、育、体、美等方面全面发展的人，这从本质上规定了学校公共体育教育与德育、智育、美育等在学校教育中具有同等重要的地位，是培养全面发展人才不可缺少的重要方面。

（2）教育目的直接决定了学校体育的目的。也就是说，有什么样的教育目的，就有什么样的学校公共体育教育教学目的，二者是一致的。

2. 教育体制和政策法规

（1）教育体制和政策法规直接影响了对学校公共体育教育的

投入力度。在教育经费有限的情况下，学校体育经费的多寡一般是由教育体制和政策法规决定的。

（2）教育体制和政策法规决定了学校公共体育教育工作的方向。例如，教育行政和管理部门对学校体育工作的评估方法，在很大程度上对学校体育工作起着指向标的作用。

（3）教育体制和政策法规决定了学校公共体育教育的结构、内容和组织形式。我国是世界上唯一从小学到大学始终贯彻体育教育的国家，我国学校体育课的具体内容、组织形式等方面与其他国家的学校体育课程也有一定的区别。

（4）教育体制和政策法规还决定了学校公共体育教育发展的重要条件。例如，体育教师的数量与质量，对体育教师的专业发展有着重要影响。

（5）教育体制和政策法规还在一定程度上对学校公共体育教育在学校教育中的实际地位产生影响。

3. 教育思想

教育思想对学校公共体育教育发展的影响具体表现在三个方面。

（1）影响学校体育指导思想和目标，如“终身体育”“健康第一”等教育思想对我国现阶段学校体育的指导思想和目标的影响是非常大的。

（2）对学校体育方法产生影响，尤其是体育教学方法的选择与运用。

（3）在一定程度上间接影响了学校体育的内容。

（二）体育

学校公共体育教育不仅是教育的重要组成部分，也是体育的重要组成部分，其发展自然也受体育自身发展的影响。但相对而言，体育对学校公共体育教育的影响不如教育直接，影响的范围和程度也有一定限度。体育对学校公共体育教育的制约与影响主要表现在对学校公共体育教育的发展战略、投入力度等方面。

1. 发展战略

体育的发展战略直接影响学校公共体育教育在体育中的发展地位，即是将学校公共体育教育放在优先发展的位置，还是将竞技体育或群众体育放在优先发展的位置。谁处于优先发展的地位，在很大程度上直接影响其发展的规模和速度。在我国，虽然一直强调学校公共体育课对竞技体育或群众体育的基础作用，但总体来看，学校公共体育教育并没有得到应有的发展地位。

2. 投入力度

学校公共体育教育的发展有赖于对学校体育的人力、物力、财力、时间、信息等方面的投入。目前对我国学校公共体育教育的投入主要来源于教育系统，而体育系统以及社会方面的投入则相对较少，这对学校公共体育教育的发展是极为不利的。

此外，体育的另外两个子系统——竞技体育和群众体育对学校公共体育教育的发展也有一定的影响。就竞技体育而言，其丰富的内容和强烈的观赏性，不仅成为学校公共体育教育内容和手段的重要来源，而且对在校园中普及体育知识、传播体育文化和运动技能，提高师生对体育的认识及参与体育活动的积极性等方面都有着非常重要的意义。就群众体育而言，其对学校体育的影响主要有三个方面。

(1) 可以弥补学校公共体育教育发展所需要的场地器材等条件的不足，尤其是学校所处的社区所拥有的各种体育资源，对学校公共体育教育的发展具有重要的意义。

(2) 有助于学校公共体育教育内容的不断更新，群众体育的各种健身手段和方法，经过加工和改造，同样可以成为学校公共体育教育的内容。

(3) 群众体育所营造的体育氛围在一定程度上影响着师生的体育态度和行为。

三、微观因素

（一）体育条件

对于学校来说，体育条件始终是制约其公共体育课发展的主要因素，这种制约表现在不同地区与同一地区中不同学校之间体育发展的差异性和不平衡性上。一般来说，影响学校公共体育课的条件因素主要包括体育师资、体育经费和体育场地设施等。

1. 体育师资

体育师资条件是制约学校体育发展最重要的因素，这一因素可以分为师资的数量和质量两个方面。学校体育的发展，不仅有赖于一定数量的体育教师，而且还有赖于体育教师的素质。经过多年的努力，我国的体育师资队伍建设已经取得了长足的进步，基本上满足了学校体育发展的需求，但地区间的差异仍比较大，特别是广大偏远的西部地区，体育师资依然存在比较大的缺口，而且由于多种原因，边远地区学校体育师资流失的现象也比较严重，这个问题如不能尽快解决，将会进一步拉大边远地区和城市学校体育的差距。

2. 体育经费和体育场地设施

没有基本的体育场馆设施和必要的体育经费，学校公共体育课教学活动就无法开展。从当前我国学校体育的现状来看，体育经费短缺、场地器材不足仍然是制约学校公共体育课发展的重要因素。

此外，班级规模对学校体育的发展亦有很大的影响，特别是对体育课程的实施——体育教学以及学校群众体育活动的组织形式、内容、方法以及效果等影响尤为明显。当体育师资和场地器材条件不变时，适当的班级规模将更有利于体育课程和学校各种体育活动的组织与实施。

（二）体育管理

在学校体育资源有效供给不足的情况下，学校公共体育课能不能发展，如何发展，发展得好坏与快慢，主要取决于学校体育的管理水平。现代化的管理是促进学校体育发展的决定性因素之一，对学校公共体育课的可持续发展具有重要意义。

学校体育管理的内容主要涉及对人力、财力、物力、事项的管理，每个具体内容都需要精心组织和实施，否则将对学校公共体育课的整体发展产生不良影响。

（三）体育观念

学校体育观念集中体现在学校领导、教师和学生对体育的认识上。尽管它存在于人们的大脑深处，并以一种隐性的方式表现出来，但对人们的体育态度和行为有着非常重要的影响。对学校体育来说，各种学校体育规章制度和政策的贯彻与实施，各种体育活动的开展，都需要学校、教师、学生的共同配合。没有对学校体育的地位、作用等方面的正确认识，是无法有效地实现学校体育目标的。学校公共体育课的发展，最终还要取决于人们观念上的转变。

第三章　新课标下学校体育课程教学目标体系的建设研究

教学目标是学校体育课程教学的重要组成部分，它既能为学校体育课程教学提供科学指导，也能对学校体育课程教学效果进行评价，为教师改善体育教学提供重要依据。本章对新课标下的学校体育课程教学目标体系的建设进行分析，具体包括体育教学目标概述、体育课程教学目标的生成及价值取向、体育课程教学目标的结构内容及教材体现、新课标下体育课程教学目标体系的构建建议。

第一节　体育教学目标概述

体育教学目标是教育过程中教育目的和培养目标的具体化，是从课程的角度规定的人才培养的具体规格和质量要求，是指导整个课程研制的准则，也制约着教学结构、实施、评价等环节。

作为一门学科的核心，课程目标是通过具体的教学活动而使学生发生不同性质和程度的各种变化。课程目标是通过教学活动克服某些困难一定要实现的要求。体育教学目标就是对各种手段和方法加以充分利用，通过运动技巧和体育知识的教学活动，来促使学生的身体和思维产生各种不同程度和不同类型变化的成果。本节对体育教学目标的相关内容进行具体介绍。

一、体育教学目标的特性

体育教学目标的特性主要表现在以下几方面。

（一）方向性和终结性

学校体育教学目标能够反映出特定的价值取向，这说明它具有明确的方向性。在实际的学校体育教学中，这个方向性非常直观、明确地展现在体育教学主体面前。

体育教学目标的终结性不是指体育教学的终止。体育教学目标的完成意味着下一个更高更强的体育目标的建立和开始，这个“终结点”只是整个体育过程互相联系的“歇脚点”。

（二）预见性和挫折性

体育教学的目标并不是在很短的时间内可以达到的，也就是说它并不是已经实现的现实。由此可知，体育教学目标对体育教师和学生共同完成体育教学活动有着很大的指导作用和激励作用，它是一种对体育教学活动结果的预见与期待。另外，学校体育教学还具有一定的挫折性，因为体育教学目标不是已经存在的现实，因此在实现的过程中会遇到许多不在预期之内的问题和困难，这些困难会给最终要实现的教学目标以极大的阻碍。要达成目标是需要付出努力，甚至要通过非常艰辛的努力才能实现的。

二、体育教学目标的定位

（一）过程与目标

课程目标指引教学过程，总的课程目标可分解为更细的教学过程，二者有着非常密切的关系。

在课堂教学过程中要贯穿目标、落实目标、检测目标的达成程度，教学过程是达成课程目标的保障和前提。在对体育课程目标进行构建时，要对过程的重要性进行强调。但过程与目标是两个完全不同的概念，不能在课程目标中纳入过程，也不能用过程来替代方法。

（二）知识、技能和能力

知识、技能和能力是三个既有内在联系又相互区别的概念。

知识是通过实践、研究、联系或调查获得的关于事物的事实和状态的认识，是对科学、艺术或技术的理解，是人类积累的关于自然和社会的认识和经验的总和。

技能是指对知识和动作掌握的熟练程度。技能的学习可分为模仿、学会、熟练等程度不同的发展阶段，达到自动化的高级技能称为技巧。按性质来分，技能分为隐性的智力技能和显性的动作技能。

能力是指个人完成某种活动所必需的个性心理特征。能力可分为能够以成就测量的外显能力和尚未表现出来的心智潜能。

知识、技能和能力三者之间虽然有着密切的关系，但它们的概括程度并不相同。知识主要是对经验进行概括，技能是对动作方式进行概括，能力主要是对调节认识活动的心理过程进行概括，是层次较高的概括。它们又是相互联系和相互转化的，能力是获得知识和技能的前提，知识和技能是形成能力的基础。

（三）方法和方法论目标

科学的方法和方法论是人们认识自然和社会现象的有力武器。“授人以鱼不如授人以渔”。授人以终身受益的方法更能从根本上解决问题。体育学科有其独特的认识方法和方法论，方法和方法论是应列入课程目标体系的一个层面的目标。

三、体育教学目标的制定意义

（一）选择教学内容与方法的重要依据

体育教学中包括的内容较为广泛，除最为常见的体育运动项目技能外，还会学习一些与体育和保健相关的知识与技能。而正确合理的体育教学目标可以界定体育教学内容的范围，对教学内容的选择起到导向作用，并且对其做出最有价值的判断。另外，根据相应的教学内容选择对应的教学方法也是要以体育教学目标为依据的。

（二）体育教学目标是教学评价的重要依据

对于体育教学的结果要进行系统、客观的评价，并将获得的有效数据和结论反馈给体育教学管理部门。此后，相关部门会根据这些评价调整体育教学中的各种指标，促进教学水平的提高。总体来看，学校体育教学目标是评价体育教学价值和效果的主要依据，它是进行学校体育教学评价的基本标准。由此可知，体育教学目标为学校体育教学评价提供了重要依据。

（三）体育教学目标是组织教学活动的重要依据

体育教学目标的高低决定了体育教学活动组织的严谨程度和方法。它会对体育教学内容的结构形式和教学的组织形式产生影响，指导体育教学的具体实施。例如，较低的体育教学目标（体育教学的子目标）可以轻易完成，因此在对其相关内容进行教学时可以组织得相对轻松一些；对待较高的目标则需要严谨、紧张、细致的教学组织。

四、体育教学目标制定的要求

（一）体育教学目标应具有教育价值

体育教学的目标要具有教育价值，在实际的体育教学中，有些体育教师过于强调目标分解和细节，结果制定了一些体育价值并不大，甚至没有价值的目标，这极大地影响了体育教学效果。

（二）体育教学目标要具体明确

体育教学目标就是教学要“达成什么”的问题，因此体育教学目标的制定应该做到具体化，即体育教学目标的表述应明确、具体，具有一定的可观察性和可测量性，避免含糊不清。这不仅关系到教学目标的积极作用的发挥，同时将对具体内容的讲授产生重要影响。如果教学目标让人难以捉摸，不仅不能为学生的学习进行一定的指导，还可能增加学生的疑惑和不解。

（三）体育教学目标要难度适中

体育教学目标的设立应该做到难度适中，不能因太高而脱离现实，也不能因太低而使学生失去前进的动力，目标应该设置为学生的“最近发展区”，学生经过一定程度的努力才能够最终达到。另外，目标在学生之间存在一定的差异性，同样的目标会使基础好的学生和基础不好的学生产生不同的感觉，这就要求在目标的设置上有一定的差异性。因此，在教学过程中应该充分了解学生的自身状况，分层次、难度适中地编制教学目标。

学生的需要、能力、条件等是制定体育教学目标的前提与基础。只有体育教学目标与学生实际情况相适应，这个目标才称得上是合理的目标，学生在追求这个目标的过程中才能获得相应的进步并增加对体育运动的兴趣。

（四）体育教学目标要系统有序

体育教学目标的设定只是教学体系的一个环节，体育教学目标的设定应与其他方面的设定统筹考虑，联系各个环节，对各个教学环节进行深入分析。无论是体育情感目标、认知目标、运动技能目标，还是增强体能目标本身，都有一个从低到高的层次。

应进行必要的任务分析、教学起点分析、结果分析，这些分析同时要与其他环节相结合，使各方面相互补充、相互促进。在设定体育教学目标时，要使各层各类具体教学目标纵贯横联，形成一个完整和谐的系统。体育教学目标是通过若干年级目标、单元目标、课时目标的实现最后得以实现的，不同年级之间、同一年级前后之间、不同单元之间等的目标既有一定的独立性，又相互联系与影响。因此,制定体育教学目标时,无论是年级、单元,还是课时之间,都应该注意相互之间的连续性。

(五)体育教学目标要便于检测

体育教学的目标要具有可检测性,这样才能发挥其应有的作用。如果目标笼统而含糊不清,则不能对教学形成一定的客观评价,教师和学生也会方向不明,从而给教学活动带来消极影响。

检测内容不仅包括身体素质和动作技能等方面的检测,还包括学生的体育文化知识方面的检测。因此,在教学过程中,应该制定完善的目标效果检测机制。

五、体育教学目标的制定步骤

(一)体育教学目标分析

1. 分析体育教学对象

学生的学习需要是指学习者的学习成绩、学习态度等的现状与体育教学目标之间的差距。分析学习者的能力与条件是指分析学生在体能、运动技能、体育知识等方面已经具备的能力与条件。在对学生的学习需要与能力、条件认真分析的基础上才有可能设置合理有效的学校体育教学目标。

2. 分析体育教学内容

在制定体育教学目标时,要认真分析体育教学内容的特点与功能,这是因为制定具体的体育教学目标离不开具体的体育教学内容。教学内容的不同带来了不同的特点与功能。

3. 编制体育教学目标

分析完体育教学内容后,就要制定教学目标了。体育教学目标是指导体育教学活动设计、实施和评价的基本依据,它通常在“单元”或“课”的教学计划中按照课程的水平目标分别陈述。

（二）体育教学目标陈述

通常认为，体育教学目标陈述主要包括以下几方面的要素。

1. 明确目标的行为主体

体育教学目标注重学生的学习产生的变化和结果，而不应是以往那样单纯以教师的“教”为行为主体的过程。现在包括未来的教学都要以学生作为行为主体。因此，对于体育教学目标的陈述也要注意体现出这一趋势。

2. 准确使用行为动词

体育教学目标应采用行为动词来描述体验性目标和结果性目标，以区分学习结果的层次性。

3. 规定学习条件

在体育教学目标的陈述中要注意将教学条件一一描述出来。体育教学设计的准备工作和体育资源较多，这些都是体育教学中不可或缺的内容。

4. 说明预期效果

在体育教学目标的陈述中必须要说明通过教学活动后预期达到的效果。另外，在对预期效果进行描述时要以学生为主体，且语言通常为肯定句。

第二节　体育课程教学目标的生成及价值取向

一、体育课程教学目标的生成

要想确立学校体育课程目标，首先要探讨课程目标的生成来源问题。归纳起来，课程与教学目标的基本来源是学科的发展要求、学习者的需要以及当代社会生活的需求。除这三个方面外还可能有其他来源,但这三个方面是课程与教学目标的基本来源。

(一)体育课程范式的内在要求

对学校体育课程目标形成制约的基本来源是体育课程,这也是“原生性来源”。根据现代课程论的相关观点,知识的功能涉及两个方面,一方面的功能是专门化的研究领域所必备的一种属性,这也是学生自身所具有的特殊功能;另一方面的功能是将学科领域作为一种工具,以促使个人生活的需要和社会的需要都能够得到满足的功能,这也是学科所具有的一般功能。前者指向学科知识本身的创新与建构,学科本身规律的探讨被放在首位;后者指向学科知识的运用,学科在课程体系中更多体现的是它的工具价值。

实践表明,在制定体育课程目标时,人们通常对学科的特殊功能进行强调,对本学科在学生智育、美育、德育中的优势进行论证,并将课程目标定位为将每一个学生培养成体育领域的专家,却忽视了学科的一般功能,由此造成学科内容忽视大部分人在社会生活中对该门学科知识的需要。

学校教育将体育纳入课程体系之中,并不是对体育方面的专门人才进行培养。作为一门普通课程,学校体育主要是为了使个人的生活需要以及社会需要得到更好的满足。

课程目标根据体育学科的功能进行确定,应尽可能地避免课程目标对学科特殊功能过于重视,而忽视其一般功能的倾向。同时,也要避免另外一种倾向:对学科的一般功能过于重视,而对学科本身内在的逻辑和规律以及体育知识所承载的价值予以忽视。在对体育课程目标进行制定时,必须与体育学科的基本规律相符。

(二)学生成长的直接需求

教育是一个有计划、有目的地对人进行培养的社会活动。在教育中，人是最基本的出发点和着眼点。无论处于哪一个教育阶段，无论是哪一种教育类型，无论是哪一种课程，都应使人自身的生存和发展的需要得到满足，促使人得到全面、自由的发展，这是教学活动的中心。对于学校体育课程目标来说，学生自身的需要是其基本来源。

学生的需要具有复杂性，这主要表现在以下几个方面。

第一，它是不断生成、不断发展、不断变化、不断提升的。

第二，它具有个体差异性和年龄阶段性。

第三，根据时间的流动来进行划分，它有着现实生活的需要以及未来生活的需要之分。

第四，对于学习者来说，其大多数需要都是本人能够清晰、主观地意识到的，但也有一些需要是学习者本人难以清晰或无法意识到的，需要得到教师或他人的引导和帮助。

第五，就学生自身需要来看，在成长过程中，学生不仅有增长知识、促使自身能力得到提高的需要，同时有发展价值观、态度、意志、情感的需要。所以，学生需要的内容是非常丰富的。

学生的需要主要可以分为以下几个方面。

（1）健康。

（2）直接的社会关系，包括亲朋好友和家庭生活关系。

（3）社会公民关系，包括社区和学校的公民生活。

（4）消费者方面的生活。

（5）娱乐生活。

（6）职业生活。

根据马斯洛的经典需要理论，需要可以被划分成生理需要、安全需要、归属和爱的需要、自尊的需要、自我实现的需要。具体来说，学生的需要主要表现为：获取知识和增强各种能力的需要，自尊的需要，爱和归属的需要，充分发挥自己作用的需要，全面发展的需要，享受的需要等。

学校体育课程目标对学生需要的关注，并不是说其课程目标要使不同学生的所有需要都得到满足。学校体育课程目标主要从以下几个方面出发来对学生的需要进行满足。

（1）从时间角度来对学生的需要进行考虑。

（2）从学习内容角度来对学生的需要进行考虑。

（3）从学生的个体差异角度来对学生的需要进行考虑。

（三）社会发展的实际需要

社会的需要是指社会政治、经济、科技文化的发展对学校体育提出的要求。学校体育要与智育和德育紧密配合，培养全面发展的建设者和接班人。学校体育目标得以确立的基本依据就是要培养有理想、有道德、有文化、体魄健壮的社会主义一代新人。

作为个体，学生最终会成为一个社会人而融入特定的社会之中，对于学校教育来说，其主要的任务之一就是要促使学生逐渐社会化。社会发展的需要主要是从个人发展的具体需求方面体现出来的。使学生的需要得到满足，在某种程度上就是促使学生的发展与社会发展的需要相一致。个人发展与社会发展有一致、统一的一面。社会良好的发展能够更好地促进大多数人的个人发展，社会如果发展不好，那么就会对大多数人的个人发展形成束缚；反之，绝大多数人的良好发展对社会的发展也能够起到积极作用，绝大多数人如果得不到良好的发展就会对社会的发展造成阻碍。个人良好的发展的重要标志就是这种发展是否对社会的发展产生积极作用。另一方面，绝大多数人得以良好发展是社会良好发展的一个重要标志。

现代社会对人才的要求主要可以归纳为健壮的体魄、高超的智能、良好的心理素质和团结协作的精神，体育课程是将促使个体自身得以发展作为主要任务的一门学科。

二、体育课程教学目标的价值取向

学校体育课程目标的基本价值取向就是人们对于学校体育课程目标所持有的总的认识和看法。

（一）立足点：学校体育向社会体育的转化

相对于中学体育教学这一层次来说，学校体育课程处于更高层次，它是由学校体育教学从学校体育锻炼向社会体育锻炼发展的特殊阶段所决定的。

具体来说，初中阶段的体育教学主要是对学生生活和学校运动会常见的运动项目中较为细致的技术进行传授，教给学生如何通过使用运动技能来更好地参与身体锻炼。高中阶段的体育教学主要是将竞技运动项目的学习以及相应的体育保健教育作为教学内容。而高校体育教学则应向着娱乐体育、生活体育、体育的文化性方向发展，以对学生参与运动的兴趣进行培养，更好地发展学生自我体育锻炼的能力。高校体育应将那些在生活中比较常接触到的，能够在离开学校之后还能继续参与的社会性体育项目作为主要的教授内容。

在大学阶段要更加注重娱乐体育和生活体育，对学生高层次的体育能力进行培养。因此，从终身体育能力的培养来看，从学校体育向社会体育的转换来看，学校体育课程目标要体现出体育能力的“高层次”。

（二）核心：培养终身体育能力

作为一门独立的学科，体育有其自身的规律。在学校教育课程体系中，它的地位是无法被取代的。这种独特性主要表现在它是将学生的身体练习作为主要的练习手段，并将增强学生体能和身心健康作为目标的教育过程。学校体育是将对学生的体育实践能力进行培养作为主要目标，对学生的体育运动习惯进行培养，促使学生终身体育能力的发展，为学生现在以及将来的身体健康提供服务。

随着高等教育改革的深化，学校体育已从运动技能教育和增强体质教育向素质教育转轨，能力教育成为教育改革的重点，也是素质教育的要求。现有资料表明，大学生普遍缺乏体育知识，约有三分之二的学生并没有形成特长体育项目，绝大多数学生并没有形成良好的身体锻炼的习惯，这说明在体育教学中能力教育依然是薄弱环节。

个体体育能力是终身体育行为得以实施的基础条件。作为一种特殊的能力，体育能力是指由个体的体育知识、体育智慧、体育技术技能共同构成的身心特性的综合体。

体育能力是运动实践能力。它是能够对体育运动进行驾驭的能力，是以体育活动作为媒介的实践能力。体育能力主要包括体育学习能力、身体运动能力、科学锻炼能力以及锻炼评价能力。对体育能力进行培养是体育课程教学训练内容的内化过程，是个体在进行自我锻炼时对体育知识技能的运用，是终身体育行为的基础条件，是体育知识运动技能的高级层次，也是学校体育课程的核心部分。

（三）目标：促进学生身心健康，养成终身锻炼习惯

终身体育是指一个人终身主动接受体育指导、教育，参加体育锻炼。终身体育要求受教育者既要在学校接受体育指导，增进健康、增强体质，形成良好的体育学习和体育锻炼的习惯、能力和意识，同时在毕业之后还要坚持参与体育学习和体育锻炼，以终身受益。终身体育的形成，同现代社会发展对体育的需求，同终身教育观的产生和发展以及人们对提高生活质量的需要都具有非常密切的关系。社会生产力的发展以及人民生活水平的不断提高，都会对人的身体和精神提出更高的要求，在体育方面的需求也必然会随之高涨，这对于个体终身体育行为的实施有着良好的促进作用。

终身体育使学校体育朝着终身化的方向发展，为终身体育打基础成为学校体育的目标之一。习惯和兴趣都是人的个性心理特征。兴趣就是对某一活动、某一事物所表现出来的积极心理倾向；习惯是指通过进行反复实践而逐步养成的无须意志努力和监督的自动化行为模式。对学生参与体育锻炼的兴趣和习惯进行培养，能够为学生终身参与体育打下良好的心理基础。体育锻炼

能力是指个体在运动实践中运用体育知识、运动技术的能力。它也是在长期的体育锻炼过程中逐渐得以形成的一种能力。在对终身体育行为的影响方面，学生的体育锻炼兴趣和能力是其中的两大基本要素。对学生体育锻炼的兴趣习惯和能力进行培养是学校体育课程的主要任务。

健康是生活的出发点，也是教育的出发点。学校体育的根本目标是增进学生身心健康。学校体育要对健康与体育的本质联系加以把握，通过学校体育来对学生终身体育健康与终身体育的意识、行为和能力加以培养。终身体育体现了健康的宗旨，体现了追求健康、提高生活质量的过程。学校体育课程应使学生通过参与体育来提高健康的能力，形成增进健康的习惯和意识。对学生终身体育意识、习惯和能力进行培养，其目的就是要实现“健康第一”的目标。对于终身体育来说，学校体育是其中的关键环节，必须将终身体育作为主线，将使学生能够终身受益作为出发点，着眼未来，从而为学生终身体育打下良好的基础。

体育课程不应仅局限于发展身体的功能，而且应将有效地实施素质教育作为体育的必然归宿。我们要对体育课程的目标问题加以重新审视，坚持健康第一，以人为本，面向全体学生，努力从增强体质的层次逐渐上升到健康教育的更高层次，从而更好地满足现代人越来越强烈的身心健康需求，将体育发展作为健康生活的重要内容。

第三节 体育课程教学目标的结构内容及教材体现

一、体育课程教学目标的结构内容

（一）体育与课程目标的结构

课程目标的确立与学科的功能具有非常密切的关系。学科功能主要包括两个方面：一般教育功能和特殊功能。对于学校体育功能的开发，我国学者的研究越来越多元化，如个性养成、促进社会化、文化传承、强身健体、社会交往等，这也为多元体育课程目标的确立奠定了良好的基础，同时为改变传统体育课程目标对认知、技能类目标过于重视，而忽视学生态度、情感、个性等弊端提供了理论依据。在构建体育课程目标时，首先要对完成一般教育功能方面体育教学的局限性进行充分认识和考虑。体育课程必须与其他课程协同，与其他教育途径（家庭、社会）协同，这样才能有效实现一般教育功能。因此，在对课程目标进行确定时，要分析目标实现的具体条件，避免目标泛化使课程实践产生困惑。

课程目标实现的一个重要方面就是学校体育特殊功能的达成。强调学校体育的一般教育功能，是为了更好地实现学生身心全面发展的教育目标，但是体育课程目标的构建还应突出体现其特殊功能。从本质上来说，身体性活动是体育课程的重要特征，增强体能、促进身体健康是学校体育最本质的功能，而其他功能都是在本质功能的基础上派生出来的。因此，在构建体育课程目标时，不需要过分追求学校体育功能的全面性，而应在忠于学校体育特殊功能的前提下，协调它与其他功能之间的关系，从而满足教育目标的要求。

《全国普通高等学校体育课程教学指导纲要》所规定的体育课程目标内容虽然实现了课程目标的多元化，但是依据两条主线将课程目标领域划分为运动参与、运动技能、身体健康、心理健康和社会适应五个方面的分类方法无法体现目标分类的区分性，没有显现目标的主次，将使目标的细化难以实现。

随着目标理论研究的深入，我国的课程改革受到西方国家现代教育理论的深刻影响。在我国构建学校目标体系方面，这些理论都提供了很多启示。在对学校体育课程目标进行构建的过程中，首先要对目标中的显性目标和潜性目标进行区分，这也可以称为学科目标和超学科目标。接着根据显性目标和潜性目标所要达到的效果来分别确定相应的效果目标，即现时身体健康目标、终身体育目标、心理健康目标、认知策略和智慧技能目标。紧接着要以效果目标作为基础，来对各效果目标的学习领域目标加以确定，如图 3-1 所示。

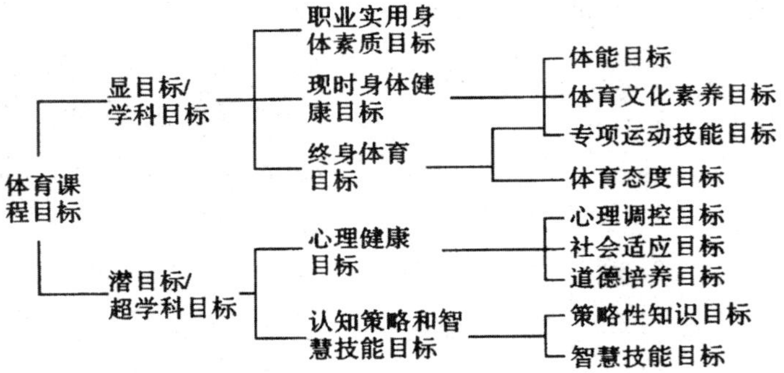

图 3-1　学校体育课程目标体系结构

（二）学校体育课程目标的内容

根据学校教育目标和学校体育课程的价值取向，可以将学校体育课程的总目标确定为以下几点。

（1）促使体能提高，更好地形成积极参与身体锻炼的生活方式。

（2）对体育与健康知识加深理解，以更好地获得体育与健康的相关知识。

（3）形成良好的体育运动爱好和专长，促使体育实践能力得以增强，对终身体育的习惯和意识进行培养。

（4）发展与职业有关的动作技能和身体素质。

（5）促使学生良好的心理品质得到发展，提高心理状态的调控能力，增强社会适应性，更好地培养良好的体育道德观念。

学习领域是指在体育与健康课程中按学习内容性质的不同而划分的学习范畴。根据学校体育与健康的课程目标以及体育的功能，可将学校体育与健康课程的学习划分为一般身体发展体能、体育运动的认识与知识、专项运动技能、道德培养、社会适应、心理调适、体育态度、认知策略和智慧技能等学习领域。以上这几个学习领域的划分能够很好地将“健康第一”的指导思想体现出来，和体育与健康课程的性质相符，这对于实现课程目标是非常有利的，能够很好地发挥体育与健康课程健身育人的功能。但学校体育课程对运动实践十分看重，重点对学生的终身体育能力进行发展，体育课程的超学科目标并不是这一阶段的重点。因此，在分析具体的学习领域目标时，并没有细致划分体育与健康课程的超学科目标学习领域。

学习领域目标是课程目标的进一步明确与具体化，是期望学生在特定学习领域达到的学习结果。达成学习领域目标就意味着实现了课程目标。具体来说，从内容上看，学习领域的目标包括以下几个方面。

1. 学校体育课程学习的实用身体素质目标和体能目标

学校体育课程学习的实用身体素质目标和体能目标包括以下几个方面的内容。

（1）对体能的重要性以及构成要素进行认识，并对营养、环境、不良行为对体能所产生的影响进行认识。

（2）对一般体能发展的练习方法进行掌握。

（3）发展与职业相关的身体素质、职业相似动作技能，提高对职业环境的适应性。

体能也称为体适能，它主要通过参与体育锻炼来获得。体能又被分为两大类，一类是同健康有关的体能，主要包括柔韧性、心肺耐力、身体成分、肌肉力量、肌肉耐力等；一类是同动作技能有关的技能，主要是指从事体育运动所需的力量、速度、协调性、灵敏性、反应和平衡等。对体能练习领域进行划分的目的就是让学生从认识上能够对体能在健康水平提高方面所具有的重要意义有一个认识，并对体能发展的相关方法进行掌握。在学生积极参与体育活动、发展体能的同时，也要使学生更好地了解环境、营养、不良行为等因素对体能所产生的影响，从而促使学生养成健康的生活方式，促使学生的身体健康水平得到有效提高。

职业实用身体训练是一种专门化的教育过程，它通过使用体育的形式、手段和方法，能够为发展和完善人适应职业劳动所必需的运动技能提供最大程度的保证,从而在独立生产活动中保持良好的工作能力。研究表明,一般身体训练水平与顺利适应职业需要和提高劳动效率之间并不存在直线相关。认为只要具有健康的身体,具有良好的身体训练水平,便能够更加容易地掌握专业技能的观点是不正确的。为了顺利掌握专业技能,必须发展某些对具体专业最为重要的身体素质和身体活动技能。

2. 学校体育课程学习的体育文化素养目标

学校体育课程学习的体育文化素质目标包括以下内容。

(1) 对体育运动与身体健康、体能、心理健康和社会适应之间的关系进行充分理解。

(2) 掌握体育保健的知识与方法。

(3) 掌握科学进行体育锻炼的知识和方法。

(4) 掌握体育运动中的科学膳食和自我医务监督的方法。

(5) 掌握运动损伤的康复和预防的方法。

(6) 掌握自我评价身体健康状况的方法以及运动处方制定的方法。

(7) 认知专项运动相关知识。

文化分为两种,一是狭义的文化,二是广义的文化。狭义的文化与教育有着更为直接的关系,它是指精神的或观念性的文化,包括信仰、知识、道德、艺术、风格、法律和其他所有习惯与能力。体育文化是同人类体育运动相关的物质、制度、精神文化的总和,主要包括体育价值、体育情感、体育道德、体育理想、体育物质条件和体育制度等。体育的技术方法属于体育认识的范畴,是人类认识过程的一种特殊形式。现代体育文化形态的目的就是求得身体的培养和发展,保持良好的生理和心理状态,增进心理健康,维护社会稳定,发展体育意识和体育理想。体育文化素养就是人们所习得的体育知识、技能和由此而形成的正确的体育认识、价值观,以及待人处事的态度和方式等的复合性文化知识,即人的各种精神要素及其品质的总和。它的内容分别是体育个性、体育技能、体育意识、体育知识、体育行为和体育品德，主要从物质层面、精神层面和社会层面三个层面表现出来。

第一，物质层面，指人在体育活动中表现出来的包括各种身体活动在内的体育行为。

第二，精神层面，指人的体育个性特征和心理品质。

第三，社会层面，指个体所带有的一定社会属性，如体育社会倾向、体育文化水平、体育品德素养等。

体育运动的认识与知识学习领域主要是让学生通过成功的体育运动体验，促使体育认识得以提高，进而对体育运动在身体、心理以及社会健康等方面的重要性以及它们之间的相互关系进行理解。此外，还要让学生对体育活动的知识和方法、自我保健的知识和方法进行科学掌握，从而更好地指导自身的课内、课外、校外的体育运动。

3. 学校体育课程学习的专项运动技能目标

学校体育课程学习的专项运动技能目标包括以下内容。

(1) 掌握与运用一到两项能终身进行的运动项目技能。

(2) 理解运动项目的锻炼价值。

(3) 能安全地进行专项技能活动。

从学校体育与社会体育的衔接来看，学校体育内容的选择与学习应具备长效性特征。学校体育应教给学生与终身体育运动、增进健康密切相关的内容。在对体育基础知识、基本运动技术进行学习和掌握的基础上，要对学生个别运动项目的兴趣和爱好加以培养，并促使他们形成一到两个优势项目。

要对终身体育思想进行贯彻，就要将终身能够坚持参与、运动技能熟悉程度、个人或协作、有效促进身体健康等条件作为体育教材取舍的标准，这种价值取向将终身体育的主导思想很好地反映出来，这对于学生终身参与体育的意识、能力和习惯的培养也是非常有利的。在其他领域学习目标的实现方面，运动技能学习是其中的一个主要手段。

运动技能领域重视学生掌握与运用多种基本运动技能，重点发展一到两项优势运动项目，并以此作为基础来更好地形成自己的兴趣和爱好，促使终身体育锻炼的能力得以提高。同时，在学习的过程中也要对体育活动的知识和方法进行了解，以更好更安全地参与体育活动，并理解某些运动项目的锻炼价值。

4．学校体育课程学习的超学科目标

学校体育课程学习的超学科目标包括以下内容。

（1）对体育运动在心理健康方面的作用进行了解。

（2）掌握通过体育运动来对情绪进行调控的方法。

（3）通过体验运动中的人际交往，形成良好的竞争、合作意识。

（4）形成良好的体育道德品质。

（5）更好地了解体育运动对个体智慧技能和认知策略的影响。

体育学习领域的超学科目标包括心理调适目标、社会适应目标、道德培养目标、认知策略目标和智慧技能目标。以上这些目标虽然并不是体育课程的主要目标，但这些都是促进学生健康发展和全面发展的重要部分，体育课程和其他科目的学习共同为达到这些目标而努力。需要注意的是，以上这些超学科目标并不是学校体育阶段的主要目标，体育教学内容的选择要将发展学校这一阶段的主要目标作为主导依据。

作为一个有机的整体，学习领域目标是组成体育与健康课程目标内容的一个完整体系。它们是相互影响、相互联系的，某一学习领域不能脱离其他学习领域而独立存在，而各个学习领域的学习目标是通过身体练习以及身体练习活动的组织与实施来得以实现的。

5．学校体育课程学习的体育态度目标

学校体育课程学习的体育态度目标包括以下内容。

（1）对体育运动与现代生活方式的关系（体育运动的价值）进

行理解。

(2)对积极的运动情绪加以体验。

(3)对运动胜利的心理状态进行体验。

运动参与是发展学生体能,提高学生运动技能和健康水平,使其形成积极参与体育活动态度的重要途径。通过采用丰富的体育活动内容,多样的体育教学手段,来更好地激发学生参与体育运动的爱好和兴趣,以促使学生形成积极参与体育运动的行为和态度,养成终身体育意识和坚持参与体育锻炼的习惯。

二、体育课程教学目标的教材体现

(一)教材结构体现课程目标

学校体育课程目标体系首先对体育课程的学科目标以及超学科目标进行了区分,然后根据学科目标以及超学科目标达成的效果来对效果目标进行确定,也就是现时身体健康目标、终身体育目标、心理健康目标、认知策略和智慧技能目标。接着以效果目标作为基础来对各个效果目标的学习领域目标进行确定。学校体育课程的教材多种多样,这些教材往往依照体育理论和体育运动项目来进行分类讲述。教材的章节构成主要包括运动保健知识和运动项目技术教学内容,技术教学的内容占据了教材的绝大多数篇幅。而技术教学的内容往往局限于技术动作的细节和动作的练习方法,无法将体育课程的目标和相关要求体现出来,甚至无法反映体育课程目标的具体要求。体育课程教材是体育教学的蓝本,体育教学过程又是实现体育课程目标的主要途径。

教学过程不属于课程目标的内容,但是教学过程是达成课程目标的主要途径。教学过程虽不属于目标,但学校体育课程强调从过程的角度改革体育课程教材,把过程提到一个相当高的高度来认识,强调学生要参与教学活动,与他人合作,共同探究,倡导学生自主性学习和研究性学习，避免过分偏重动作技术的细节要求。这一点也正是学校体育课程教学所需要进行改革的地方。体育教学过程主要是指学生认识体育的认知过程和教师施教的活动过程。为了使这种过程得以更好体现，需要对体育教材的呈现方式以及教材比例结构进行改革。

（二）教材内容设计体现课程目标

1. 加强过程性

广大体育教师已经逐步认识到在教育教学实践中只重结果、不重过程的弊端，对学生学习过程和教师教学过程的重要性有了更为深刻的体会，并尝试对教学过程和方法进行改革，在学生体育理论和技术知识的形成与应用过程中促使学生的体育能力得到发展。对“过程”的把握必须有利于对相应体育知识和运动技术动作的理解和掌握，注重过程必须让学生在体育学习活动中去“经历”，让学生在这些过程中发掘具体的知识、技能或方法。

在编制教科书和实施教学的过程中，应提供一定的活动性素材，给予学生大量的实践活动的机会，让学生通过亲身的实践活动，在活动过程中促进过程性目标的达成。在编制体育课程教材的过程中，应提供大量与现实生活相近的背景，要求学生通过一定的合作交流和自主探索，从中体会某一技术动作或某一运动项目的规律。在这样的过程中，促使学生的体育活动经验和技术理解能力得到发展，以更好地发展学生的运动兴趣和体育能力，初步形成运动价值观。

2. 加强教学内容的活动性

在体育学习过程中，学生能积极参与体育学习活动，并从中获得一定的成功体验，从而对体育产生兴趣和探索欲，建立提高体育能力的自信心。在体育活动过程中，学生通过进行合作交流，来更好地克服困难，从而促使体育能力得到提高，以对克服困难的意志进行锻炼，促使合作与交流的能力和意识得以发展，促使社会适应能力得到发展。学生情感性目标的达成需要学生参与活动。在这样有设计的体育活动中学生必将克服许多困难，并体会到合作交流的重要性，学会一些与人合作交流的策略。因此，在编制教科书和实施教学的过程中，应创造大量的学生活动机会，在活动中促进学生情感性目标的达成。当然这样的活动既可以是操作性的，也可以是思考性的；既可以通过学生的自我研究获得，也可以通过同伴的交流讨论获得。

在设计教材活动时，要对活动的可操作性、问题的层次性等加以充分考虑，以让所有学生在活动中都能获得相应的成功体验，努力将体育教学和学习过程转变成为一个愉快的、积极的和富于想象又与现实生活相贴近的过程，在其中学生能形成积极的情感体验，感受到体育活动的乐趣。

3. 突出差异性和选择性

《全国普通高等学校体育课程教学指导纲要》规定学校的体育课程要根据学校教育的总体要求和体育课程的自身规律，面向全体学生开设多种类型的体育课程，可以打破原有的系别、班级建制，重新组合上课班级，以满足不同层次、不同水平、不同兴趣学生的需要。学生个体的发展不可能是整齐划一的，学校体育课程要为每一个学生提供不同的发展机会和可能，做到既面向全体，又能针对个体，有效地使学生得到应有的发展。

为此，在编制教科书和实施教学的过程中，要尽可能地将内容的差异性和选择性突出出来。对于相同的课堂教学内容，也要关注差异性和选择性，以促使不同的学生都能够从中获得不同的发展。这就需要体育课程教学对学生已有的经验进行充分的尊重，在课堂中引入丰富的现实情境，鼓励学生更好地发展自己的体育特长，促进同伴间的合作与交流。

第四节　新课标下体育课程教学目标体系的构建

一、体育课程教学目标要根据社会对学生的体育要求进行构建

根据现代课程理论，使学生的需要得到满足是课程所应关注的核心问题，在体育课程深化改革方面这一思想起到了非常重要的指导意义。需要能够产生动机，而动机会对行为进行引导。如果不能满足学生的需要，体育就会失去生命力，学生的体育学习和体育锻炼的动机也就很难得到激发。教学目标的制定要将学生个体的需要同国家和社会的体育要求协调、统一起来。对学生个体需要进行片面强调也是不现实、不可取的。在体育学习中，学生虽然是主体，但学生是正处在发展之中的不成熟的主体，对于自己的体育需要，他们并不一定有深刻、全面的认识，并不一定能把现实的体育需要与长远的体育需要、个体的体育需要同国家与社会的体育需要统一起来。

学生的体育需要主要是通过对学习和锻炼内容的选择方面反映出来。在选择体育学习和体育锻炼内容方面，大多从个人兴趣出发，喜欢选择一些轻松的、好玩的体育内容，而对于一些比较单调的、需要付出一定努力才能完成的但对身心发展和实现课程目标起到很好促进作用的内容，学生大都不那么喜欢。所以，不能对学生的个体需要进行片面强调，而对国家和社会的体育要求予以忽视。这就要求我们通过对体育课程教学目标进行科学合理的安排，来加强对学生体育学习动机的正确培养与体育价值观的教育，同时对教学方法进行积极努力的改革，这样能够更好地激发学生进行体育学习与体育锻炼的兴趣，这是学校体育课程教学目标的核心及体育教学的职责所在。

二、强调学生快乐情感的体验

新课标强调要促使所有的学生都能够更好地体验到学习和成功的乐趣，要对学生的运动兴趣给予充分的关注。只有对学生的运动兴趣进行激发和保持，才能促使学生更加积极、自觉地参与体育锻炼，这也是促使体育课程目标和价值得以实现的有效保证。但绝不能将体育课简单地理解成只是让学生玩、让学生乐，也不能认为只要使学生乐得开心、玩得痛快就是好课，这是与体育课的课程理念完全背离的，是对培养学生刻苦锻炼精神的忽视。

在学校体育与体育课程教学中，要让学生体验到学习和锻炼的成就与快乐，但这只是学校体育和体育课程教学的一部分。即便只是从丰富学生的情感这方面来说，只有快乐的情感体验也是远远不够的。其实，在学校体育中快乐与艰辛、主动与被动、领先与落后、优势与劣势、成功与失败总是相生相克、相辅相成的，绝对的快乐是不存在的。教学目标应将体育教学这一特有的内涵充分体现出来。

三、强调体育能力的培养

在过去的体育课程教学中，对于学生运动技能的学习通常都是比较注重的，但在培养学生体育能力方面缺乏足够的重视。现代教育思想和素质教育要求学生“学会健体”“学会学习”，要重点强调“为学生奠定终身体育的基础”，要对学生独立从事科学锻炼身体的能力进行重点培养。在课程教学目标中，要避免将运动技能的学习与学生体育能力的培养对立或割裂开来，主要应避免以下几个方面。

(1) 对体育与健康理论知识的教学进行过分强调，侧重于“体育教学要向健康教育转变”的观念。

(2)为了对学生的独立锻炼能力进行培养,在体育教学中对学生"自定目标,自选内容,自主锻炼"进行片面强调。对运动技能教学缺少一个基本的标准和要求,实质上就是放任自流的做法。

(3)目前在体育教学改革中要实现三个转变:

① 由"重视学会"向"重视会学"转变。

② 由"重视运动技能学习"向"重视体育能力的培养"转变。

③ 由"重视技能掌握"向"重视情感体验"转变。

对学生的体育能力加以培养是非常重要的,但体育能力并不是空中楼阁,它必须以运动技能作为基础。如果脱离运动技能的学习,那么培养体育能力就变成了无源之水、无本之木。一个没有掌握任何运动技能的人,对于自己该练什么是无从得知的,更不知道该如何练。如果脱离了运动技能的学习,那么对体育能力进行培养就是一句空话。在学校体育课程教学目标中,不能将培养能力简单化、空洞化、庸俗化。

四、强调学生的个体差异

新课标对于确立课程学习中学生的主体地位进行了特别强调,这主要从两个方面体现出来:一是课程教学要使学生个体发展需要尽可能地得到满足;二是课程教学必须十分关注学生的个体差异,以使每个学生都能从中受益。

学生之间的个体差异是客观存在的,在学校体育课程教学中,只有对学生的个体差异给予充分关注,才能切实履行因材施教,这样才能使每一个学生都能够从中受益。

在体育课程的教学目标中既要对体育的育人过程进行强调和体现,也要对体育的育人结果进行强调。要努力全面达成学校体育与体育课程各项目标,为社会培养优秀人才做出贡献。

第四章　新课标下学校体育课程内容资源的挖掘与开发研究

体育课程教学内容是我国体育课程教学体系的重要组成部分，教学内容是否合理优化，直接影响体育教学的效果与质量。加强体育教学内容改革，挖掘并有效开发体育课程内容资源，是当前体育教育工作者面临的一大重要课题。本章就对新课标下学校体育课程内容资源的挖掘与开发进行具体探究，主要涉及体育课程内容的含义、分类、特点、构成、现状、选择与完善、挖掘与开发等。

第一节　体育课程内容概述

一、体育课程内容的含义

简单来说，学校体育课程教学的内容就是将学校体育教育的目的和任务作为前提，对各种身体练习、运动技能学习和教学比赛等进行一系列加工之后，在课程上以教学形态的方式呈现出来的总称。它主要包括两大类，即体育基本知识学习和身体练习。同其他教学内容相比，学校体育课程教学内容有着很多不同之处，具体如下。

（一）不同于一般的学校教学内容

学校体育教学非常重视对教学内容的选择与加工，它需要以学校体育教学目标为基础，根据学生发展需要和教学条件来进行，主要是以大肌肉群活动的形式来进行教学，达到锻炼学生身体素质、运动能力和比赛能力的目的。

与其他一般教学内容相比，学校体育课程教学内容有着非常明显的差别。例如，语文、数学是一般教育内容，这些学科的知识的媒介不是运动，培养目标也不是大肌肉群运动或形成运动技能。而对于军训、劳技等活动来说，这些教学形式和内容与身体活动有着密切的关系，其中还伴有大肌肉群运动，有的主要目标也是技能形成，因此容易与学校体育课程教学内容相混淆。但仔细分析就可以得知，这些课程不是学校体育教学的内容，因为这些课程不以形成运动技能为培养目标，也不是在体育教学的环境下进行的。

（二）不同于竞技体育的训练内容

教学是学校体育课程教学内容的主要目的，而竞技运动内容则是通过竞技运动达到娱乐和竞赛的目的。例如，奥林匹克运动会中的田径运动，其目的是夺取竞技胜利，其内容体系是按照公平竞赛的原则进行组织和加工的，通过田径来实现教育的目的不是它所考虑的问题，因此也就不需要从教育的角度出发进行改造；而作为教育内容的田径运动，要实现目的，就必须进行改造，在改造的过程中要以不同阶段的教育目标为依据，与教育者的年龄和身心特点相适应，考虑学校的场地器材情况，按照教学时数和教学计划的安排进行。

从形式上来看，学校体育课程教学内容与其他教学内容存在明显差异。虽然学校体育课程教学内容最初是由体育娱乐活动、竞赛活动等内容演变而来的，但在体系上与其有着明显的差异。

二、体育课程内容的分类

根据不同的分类标准，体育课程内容可以有不同的类型，下面进行具体介绍。

（一）根据体育教学目标分类

根据教学目标分类是依据体育教学所要达到的目的进行分

类的。这种分类方法能够实现根据多种目的的身体练习进行人为的规定，能够使教学内容具有一定的目的性，对于打破陈旧的、以竞赛为目的的教学内容编排体系也非常有利，从而保证学生能够学到比较多的体育教学内容。

（二）根据运动项目分类

根据运动项目分类是常见的体育课程内容分类方法。它是按照各个运动项目的名称和内容进行具体的系统分类，大致可以分为球类、体操、田径、武术、体育舞蹈、冰雪运动、水上运动等。

这种分类方法对于学生了解和掌握体育运动文化具有非常大的帮助。但是，这种分类方法可能导致一些在教育上可能有突出作用，但并没有被列入正规体育比赛的项目被忽略。有些项目即使在正式比赛的项目中，但也可能由于规则、技能等方面原因与学校体育教育并不相符。所以，如果将其纳入体育教育内容中，就必须进行一定程度上的改造，但经过改造后，这类教学内容往往会与本来的运动项目出现非常大的差异。

（三）根据身体素质分类

根据身体素质分类的方法具有较强的针对性，有利于学生正确认识各种体育运动项目与身体练习以及体能的发展，同时能够有目的、有针对性地发展学生的体能。不过，此分类方法也有一定的弊端，因为在体育运动项目中，许多项目并不是以提高某一方面身体素质为前提的，对待这类项目时，根据身体素质分类就显得比较模糊，且这种分类方法将造成学生对体育运动文化方面认识的不足。

（四）根据人体基本活动能力分类

根据人体的基本活动能力对学校体育课程教学内容进行分类也是体育教学实践中比较常见的一种分类形式。具体来说，它是根据人类具有的各种基本活动能力，如走、跑、跳、钻、投、爬、攀登、负重等，对运动项目、身体练习进行分类。

以人体的基本活动能力为依据进行分类的方法比较灵活，不会受到正规的体育运动项目条框的限制。这种方法对于低年级的学生比较适合。但这种分类在学习掌握体育运动技能、发展体能等方面具有较强的局限性，对于高年级学生来说，其要求往往无法满足。

（五）综合交叉分类

综合交叉分类是一种将基本部分与选用部分、理论与实践教学内容、各项运动的基本教学内容与提高身体素质练习教学内容等相互交叉的综合分类方法。

这种分类方法能够准确地将不同学生的不同年龄阶段身心发展特点和对学生学习的基本要求反映出来，对达成体育教学的目标有非常突出的作用，能在有助于保持运动项目的固有特点和系统性的基础上，增强学生进行身体锻炼的实效性。但需要注意的是，这种分类方法无法用同一标准进行衡量，在某种程度上会导致一定的混乱。

（六）从宏观和微观层面分类

1. 体育教学内容的宏观层面

体育教学内容从宏观层面来看，可以分为三个层次。国家课程和教学内容为第一层次，地方课程和教学内容为第二层次，学校课程和教学内容为第三层次，具体内容如下。

（1）国家课程和教学内容

国家课程和教学内容是国家教育部门规定的统一的教学课程和教学内容，以教学大纲或相应的课程标准的形式呈现。这些内容具有一定的普及性，是为了使学生共同达到一定的标准而设定的。它是一个国家基础教育体育课程框架的主体部分，所涵盖的内容和所占的课时比例与地方课程和教学内容、学校课程和教学内容相比是最多的。

（2）地方课程和教学内容

地方课程和教学内容是省一级教育部门根据国家相应的各个阶段的教学内容，结合当地的社会文化环境和发展状况而开发的体育课程和教学内容。地方课程和教学内容具有一定的适应性，能够充分发挥地方的地域特点，具有重要的价值和作用。

（3）学校课程和教学内容

学校课程和教学内容是指学校根据国家和省级的课程和教学内容，设计和开发出多种多样的、适合学生学习的各项教学内容。该层次要求结合本校的教学特点、学生的特点和需求，进行充分评估。该层次的教学内容能够充分地发挥本校的文化内涵，并充分利用体育教学资源，充分尊重和满足学校师生的独特性和差异性。

2. 体育教学内容的微观层面

在微观层面，体育教学内容可以分为四个层次：课程标准所规定的学习领域、课程标准所示的水平目标、教学硬件与软件、具体教学内容。

（1）第一层次

第一层次是课程标准所规定的学习领域，如相关的体育课程标准规定的“身体健康、运动参与、运动技能、心理健康、社会适应”五个学习领域。这是通过分析活动领域来表述的，并不是通常意义上的体育教学内容。

（2）第二层次

第二层次是课程标准所示的水平目标，这是第一层次的具体化形式。该层次也不是通常意义上的体育教学内容，是对能力目标的分析。

（3）第三层次

第三层次是教学中具体运用的硬件与软件，如足球、网球、体操等与课程相关的运动场地和运动器材。

（4）第四层次

第四层次是具体教学内容。例如，动作教学内容（足球的各种动作练习）、游戏教学内容（与足球关系密切的游戏）、认知教学内容（与足球关系密切的知识）等。

三、体育课程内容的特点

（一）教育性

体育教学内容是对受教育者进行教育的媒体，因此教育性是其基本特点。具体来说，体育教学内容的教育性主要体现在以下几个方面。

（1）教育学生摒弃落后的东西（如赌博、伤害性搏斗等）。

（2）对学生的身心发展有好处。

（3）适合于大多数学生。

（4）能教育学生避免功利性。

（二）系统性

学校体育课程教学内容具有系统性，主要表现在以下两个方面。

（1）学校体育课程教学内容本身的系统性，也就是体育运动内在的规律使内容与内容之间、项目与项目之间、技术与技术之间有着某种相关的联系和制约因素，形成学校体育课程教学内容的内在结构。

（2）根据教育的目标、学生不同年龄阶段的生长发育特点、教学环境和教学条件，认识学校体育课程教学内容的内在规律性，系统地、逻辑地安排各个学校、各个年级的教学内容，并处理好它们之间的相互关系。

（三）健身性

健身性是体育课程内容的重要特征。体育的一个重要功能就是增强体能、增进健康，体育教学内容学习的实质就是体育知识、身体练习和技能的学习。体育教学的主要目的就是通过对身体练习的运动负荷量以及强度进行合理安排，通过一定的手段加以调控，从而使学生的体质得到增强。体育教学内容对于学生增强体质、增进健康的作用是其他教学内容所不具备的。

（四）非逻辑性

体育教学内容与其他学科的教学内容的一个重要不同就是往往不存在一般学科教学内容由易到难、由简到繁的阶梯性结构。在逻辑结构上，体育教学内容也没有明显的从基础到高级的体系，并且其排列也不是直线递进式的，而是复合螺旋式的，这样的体育教学内容在选择时灵活性更强。

（五）娱乐性

体育教学内容大都来源于体育运动项目，而大多数体育运动项目则具有较强的趣味性、娱乐性特点，所以体育教学内容具有一定的趣味性与娱乐性。体育教学内容所具有的娱乐性源于运动学习和运动竞赛过程中存在的诸如竞争、合作、表现欲等一系列的心理过程。在这些心理过程中能够体会到很大程度上的乐趣，学生对运动的新体验和学习的成就感也会加深乐趣。另外，学生在追求运动乐趣的过程中，通过别人的帮助在情感上会获得深刻而丰富的体验，从而起到愉悦身心的作用。

（六）空间的约定性

空间的约定性是学校体育课程教学内容一个独有的特点。因为许多运动都有着自己固定的场地要求，甚至有的就是以场地来进行命名的，如沙滩排球、田径等。也就是说，如果在教学时离开了教学项目特定的空间制约，其教学内容就会发生质的变化，甚至会失去内容本身所具有的教学意义。学校体育课程教学内容的这种空间制约性，使得学校体育课程教学内容对场地器材具有很大的依赖性，没有了场地、器材等作为保证，学校体育教学活动就无法进行。

（七）人际交往的开放性

在学校体育教学活动中，有相当一部分项目是以集体合作的形式完成的，这使得学生在运动学习和比赛的过程中，需要与同伴进行频繁的沟通和交流。因此，相较于其他的教学内容，学校体育课程教学内容要更具有人际交往的开放性，并且还以此为基础，构成了对集体精神、竞争和协同意识培养的独特功能，使学校体育教育内容的学习过程中，教师与学生、学生与学生之间的关系联系得更加紧密和开放，一些以小组进行的内容使得组内的各种分工更加明确，体育学习中的各种角色变化远远多于其他学科的学习。正是由于人际交往的开放性，学生通过体育教学内容的学习能够快速有效地提高其社会适应能力。

（八）运动实践性

体育教学内容的实质是身体运动的一种实践，这是区别于其他教学内容的地方。可以说，体育教学内容是以有关身体运动的学习和身体运动的技能形成为主要培养目标的内容，是以运动为媒介，以大肌肉群的活动状态进行教育的内容。体育教学内容的学习并不仅仅是学生大脑思维的活动，学生不仅要对内容进行理解，并且要进行运动学习以及身体练习。学生在参加体育学习的过程中，要通过运动中的肌肉本体感觉的形成与动作的记忆，来判断自己是否真正掌握了教学内容，因此在体育教学内容中，学生的学习是要将思维和行为联系起来的。总之，体育教学内容的学习尤为强调练和做等实践行为，呈现出明显的运动实践性的特征。

四、体育课程内容的构成

我国体育教学中课程内容的构成主要有两大类，即基本内容和任选内容。

（一）基本内容

1. 体育、保健基本原理与知识

学生通过学习体育基础知识和基本原理对体育有一个更为深刻的理解，这样对学生未来的生活和工作、对国家和人类社会都有非常重要的意义，使学生能够更好地，更加自觉、理性地进行身体锻炼。此外，学生通过学习卫生与保健知识，对身体健康所需要的环境和健康的重要性有一个全面的认识，并掌握一些基本的保健方法和手段。此类教学内容要力争与学生现实生活中可能遇到的实际问题保持密切联系。在这类内容的选择上要切忌支离破碎、简单无逻辑地罗列知识，而是要注意紧跟当前社会重点发展潮流，精选针对学生有重要意义的体育、保健原理来组织教学内容，并注意考虑结合运动实践部分的内容来组织教学内容。

2. 田径

田径运动与人的走、跑、跳、投等基本活动能力有内在关系，被誉为“运动之母”。通过此项教学内容能使学生了解田径运动，理解田径运动在锻炼身体中的意义，使学生明白跑、跳、投等的基本原理和特征，掌握一些基础性、实用性较强的田径运动技能，学会用田径运动来发展体能的方法和注意事项，掌握一些基础的田径裁判和组织比赛的技能。田径教学内容既与田径运动技能有直接联系，还与克服障碍、进行竞争的心理要求有内在联系，应从文化、竞技、运动、心理体验以及发展体能作用等多方面全面地理

解、分析教学内容和组织教学。

3. 体操

体操是发展人的力量性、协调性、灵活性、平衡性等能力最有效的运动，体操运动包括技巧、支撑跳跃、单杠和双杠等。体操的历史较为悠久，自人类进入文明时代后，体操就一直伴随着人类的发展。通过此项教学内容，学生应了解体操运动文化的概貌，了解体操运动对人体的锻炼价值和作用，明白基本的体操原理和特征，掌握一些典型的、实用性较强的体操技能，并学会用体操的动作进行身体锻炼和娱乐、竞赛的方法及注意事项，能运用保护与帮助的手法安全地从事体操运动。

对体操教学内容进行分析时要主要考虑它的竞技、心理、生理等方面。在教学过程中要注意遵循循序渐进的原则，以逐步逐量地加大动作难度、幅度以及改变动作连接等方式提高教学难度，使学生的技能得到切实提高。

4. 球类运动

球类运动主要包括篮球、排球、足球、网球、羽毛球、乒乓球、橄榄球等。学生通过对球类运动教学内容的学习，能够认识和理解球类运动的基本情况和球类比赛的共性特征，并掌握一项或两项球类运动的基本技术和运用战术的技能，并具备参加球类比赛的运动能力以及组织比赛和参与裁判工作的知识和技能。此类教学内容中的技战术通常较为复杂，每种技战术或技战术之间的组合相互依存、互相制约。因此，若要筛选出适合教学的内容显得比较困难，如果只是对单一技术进行教学，那么就失去了球类运动的本质，不能进行顺畅的比赛和应用，也会导致学生对球类运动失去兴趣，最终也不能使单个技术得到运用和提高；而若想整体详细讲解和介绍，又需要一个较为长期的时间，有些球类运动若想达到一定的教学目标，至少需要一学年的时间甚至更长。因此，如果计划开展此类项目，则应通盘考虑，注意把技术教学、战术教学与教学比赛结合起来。

5. 民族传统体育

民族传统体育的内容有武术、导引、气功及各民族的传统体育内容。通过此项教学内容使学生对中国的优秀、丰富的民族传统体育情况有所了解，并懂得用其来健身、自卫的方法，还要使学生在学习技能的同时理解中国的“武德”精神，讲究武术中的礼貌举止，并与爱国精神、民族自尊心的培养结合起来，教会学生基本功和一些主要动作。

民族传统体育教学需要较长的教学时间，还要兼顾教学的实效性。传授这部分教学内容应根据学生的心理特点，强调教学内容的文化性、实用性、范例性，特别加强对这些教学内容文化背景和意义的介绍。

6. 韵律运动

韵律运动包括健美运动、民间舞蹈、体育舞蹈、韵律操、艺术体操等内容。通过学习，学生能够对各个运动项目的基本特征有一个大概的了解和掌握，并了解一些关于从事这项运动的基本规律和基本原则，同时掌握一些实用的套路动作和一些较为基本的健美运动技能。此外，学生还能够掌握对一些简单动作和套路进行创编的能力。通过此类运动项目的学习，可以对学生的身体形态进行改善，并培养学生的身体节奏感和身体表现能力。

韵律运动在组织教学内容时，应从审美观培养、舞蹈音乐理论介绍、感情表达能力培养和健身效果等多方面来考虑。以往此类教学内容过多地考虑了动作练习的教学，而对于向学生传授一些基本原则并让学生尝试自编方面的要求较弱，应予以考虑加强。

（二）任选内容

对于体育教学来说，任选教学内容能够更好地适应当地的教学条件，丰富本地区的体育教学内容。通过这些体育教学内容的传授，可以帮助学生掌握一些与本地区文化背景有关的、有地方特色、符合本地区社会要求的体育知识和运动技能。

对于任选的体育教学内容来说，体育教学大纲可能没有对这些体育教学项目做出详尽的安排和指导。这就要求在选择此类教学内容时，应注意在教学过程和计划中制订较为明确的要求和标准，以使其达到最佳的组合和效果。这部分内容的选择应当符合教学内容的基本要求，并注意其文化性、特色性和实用性。

第二节 学校体育课程内容的现状

一、基础理论未得到应有重视

体育理论知识是对体育实践活动的理性总结与概括，能够有效指导体育实践活动，是体育教育的重要内容。学生只有充分了解体育理论知识，才能形成正确的体育观，科学参与体育锻炼。

目前我国学校体育教学中不够关注体育理论知识的传授，体育理论课安排得较少，一般都是集中 2～4 个学时就结束整个体育基本理论教学的工作，其余学时都是进行实践课教学。此外，在体育理论知识的选择上，大都是讲一些技战术理论及项目规则，有关体育锻炼常识与身体安全教育的内容非常少，因而体育理论教学的目的、提高学生体育文化素养的目标无法顺利实现。

在体育理论知识教学中，应将体育概念、原理、方法作为主要内容进行传授，在选择这方面的教学内容时，应依据教育及体育知识本身固有的标准来选择，而不是依据预设的学生行为结果来选择。体育理论知识非常多，而且比较复杂，要想让学生系统掌握相关内容，需要花费一定的时间。在体育理论教学中，应系统化实施教学内容，不能只利用几个学时就草草结束体育理论教学的任务，而应增加理论课时比重，使学生系统学习体育理论知识，全面接受体育基础知识教育。

二、对现代体育本质及理念认识不到位

我国从西方国家初步引入现代体育时，就已经接受了西方体育倡导的科学体育理念，如规则严谨、公平竞争和团队精神等，在这一基础上，现代体育逐渐在我国不断发展。但受历史及传统文化等因素的影响，无法正确认识现代体育所倡导的基本精神的大有人在。一直以来，有些人对现代体育存在偏见，或者说认识不到位，如不太了解现代体育的本质及功能，只是在旧有的观念上阅读现代体育、理解现代体育。有人狭隘地认为从西方国家引进的现代体育就是竞技体育训练与比赛，认为体育中只有竞技体育赛事，将胜负作为衡量现代体育优劣的唯一标准。此外，有人也没有充分了解大众体育及学校体育，在学校体育教育中，学生潜移默化地接受了“竞技体育即体育”的错误观点，加之很少有人了解体育学科的发展，导致很多学校都不重视体育学科与群体活动。鉴于此，目前对于学校体育教学来说，让社会大众真正了解体育，向社会普及体育知识与理念，才是最迫切的任务。

另外，学生对体育认识与了解上的错误会使学生过于理想化地期待体育课堂教学效果（在短时间内学到优秀运动员的技术），学生的期待与实际情况形成反差，学生通过现代媒介了解的体育知识与课堂教学内容形成反差，从而导致学生失去学习体育知识的兴趣与信心。而学生无法客观全面地认识体育是导致这种问题出现的主要原因，所以在选择学校体育课程教学内容时，要多选择一些能够使学生清楚了解体育基本理论、体育概念与本质的内容，使学生形成正确的体育观念，对体育的功能与价值形成全面的认识与深刻的理解。

三、身体练习内容过于简化

在体育教学中，很容易发生一些伤害事故，如果不及时处理，就会造成非常恶劣的影响。学校为了避免出现这种情况，在开展体育教学时，强调简化体育教学内容与手段，减小练习强度，减少练习量，而如果练习达不到要求，是无法达到促进学生体质健康和技能发展目标的。

在体育教学中，淡化运动技术学习已经成为普遍的问题，体育课上教师只是简单地介绍项目和一些简单的技术动作，其余时间由学生自由练习，再加上体育课班级人数多，体育硬件设施不足，学生在体育课堂上的学习效果往往不尽如人意。

改造人是体育的本质，体育的本质决定了学校体育教学的性质，即体育教学是一项实践活动。所以，身体练习是体育教学的主要方式。学校体育教学要从体育的性质出发，组织体育实践活动，使学生真正成为活动的主体，并在活动中通过身体练习获得预期的学习效果。如果学生在体育课上的身体练习不到位，便无法实现体育教学的一系列目标。

简化身体练习内容虽然能够在一定程度上避免伤害事故，但不利于学生的成长与发展，也无法发挥体育教学的功能与作用。对于解决体育课上伤害事故的问题，不能一味回避，而应科学合理地选择与设置教学内容。

四、运动项目设置过于休闲化

随着社会的发展及休闲手段的不断开发，近年来社会上出现了很多新兴体育项目，有些学校片面强调培养学生的兴趣，盲目引入新兴项目，以迎合学生追赶潮流和发展个性的心理。有的学校在开设新兴时尚体育项目的同时放弃了一些锻炼价值突出的传统项目。

传统体育教学内容是体育文化的重要内容,传统体育文化有很多精华,不能全盘否定与摒弃。许多传统体育运动项目既有竞技性,又有健身性、娱乐性,在发展学生体质、培养学生兴趣、提高学生体育文化素养、塑造学生人格、锻炼学生意志品质等方面具有很重要的作用。实践证明,传统体育项目是有价值的,在新的历史条件下,可以通过修改、变通和创新来将其引入体育教学中,合理安排与实施这些内容,同样能够实现预期的体育教学目标。

第三节 学校体育课程内容的选择与完善

一、学校体育课程内容的选择

(一)体育课程教学内容选择的原则

1. 兴趣原则

兴趣是最好的老师。学生学习体育基本知识在很大程度上受其体育兴趣的影响,体育学习兴趣是决定学生体育学习的主导力量。因此,在选择体育教学内容时必须充分考虑学生的兴趣,尽量选择学生感兴趣的、有趣味性的并且在社会上比较流行的体育素材作为教学内容。

2. 科学原则

在选择体育教学内容时要遵循科学原则,不仅要结合学校的具体实际,还要充分考虑学生的个体差异。选择的体育教学内容要与学生的身心发展特点相符合,要能促进学生的全面发展。体育教学内容选择时注意以下三个方面。

(1) 教学内容必须有利于学生身心的协调发展。有些内容虽然有利于学生身体健康,但对于学生的心理健康并不合适;反之亦然。因此,教学内容的选择必须做到使学生在开心的体育活动中积极促进身体的发展。

(2) 教学内容本身应当具有科学性，要防止一些科学性不够强的体育项目作为教学内容进入课堂。

(3) 教学内容要使得学生能够从根本上对科学锻炼的原理和方法有一个深入的了解，这种了解可以增加学生从事体育锻炼时的自觉性和积极性。

3. 教育原则

教育是体育教学的基本任务，因此进行体育教学内容选择时，应从教育的基本观点出发，分析其是否与教育的原则相符，是否与社会的固有价值观同步。此外，要明确分析它是否有利于学生的身心发展和身体锻炼。

具体来说，在进行体育课程内容的选择时，必须与体育课程的主要目标相匹配，确立“健康第一”的指导思想，并以此作为体育教学内容中最基本的出发点，看重其中的文化内涵，在学生学习体育技能的同时更能深刻体会到体育文化修养带来的益处。在培养学生时应首先考虑对学生的品德、智力、体质等方面的全面发展是否有利，将理论与实际结合起来，在使学生了解人体科学知识的同时真正锻炼身体。体育教学内容的选择要充分考虑不同学段学生的发展特点和规律，学生的个体差异与不同需求将会在其中起到很大的作用。

4. 实效原则

社会是不断发展的，体育教学内容也应与时俱进，及时反映出时代发展的要求。体育教学内容的选择要有利于学生对体育的兴趣爱好以及实际从事体育运动的能力的培养，还要为学生在进入社会后能够继续进行体育锻炼服务。

在未来，体育课程将会成为一门以身体活动为主要手段来增强学生健康的课程。

具体来说，实效性就是判断某项体育教学素材是否实用、是否简便易行、是否有助于学生的身心健康。在教学内容的改革方面要特别强调改变教学内容中的“难、繁、偏、旧”以及教学过程中过度偏重书本知识的现状。在进行体育教学内容的选择时,要兼顾选择与学生自身的体育学习兴趣和经验相接近的、大众喜欢的、社会上比较普及的教学内容,同时强调运动项目的健身娱乐效果,奠定学生终身体育的发展基础。

5. 民族性与世界性相结合的原则

体育课程内容的选择要在保留我国民族传统体育中精华部分的同时,对外来的有益的课程内容加以借鉴吸收。体育教学内容的选择应该与时俱进,体现当今时代特色。

（二）体育课程教学内容的来源

体育课程教学内容主要来源于以下几方面。

1. 对传统体育教学内容的延续

一般来说,各学校都有着相当丰富的体育资源,师资力量也比较雄厚,大部分体育教师都有相对丰富的教学经验。在传统的体育教学中,大部分运动项目在群众中都有深厚的基础,有着不容忽视的技术完整性和健身性的优势,可以说是体育教学实践的积累与沉淀。因此,体育教学内容的选择应以传统体育教学内容为主,在此基础上增强其科学性、趣味性、社会性、教育性和健身性。

在选择和继承这部分教学内容时,需要注意以下几点。

(1) 通过体育理论知识教学,使学生掌握对有助于自己身体健康的锻炼方法,使其形成良好的锻炼能力。在教学中,教师要观察学生的优势与特长,了解学生的基础运动能力,针对学生的学习情况和体育能力设计教学目标,在素质教育理念的指导下培养学生锻炼的兴趣和运动的能力。

(2) 体育教师要转变教学观念,注重体育教育在培养学生终身体育锻炼意识与能力方面的作用与意义，通过体育教育来培养学生的体育兴趣及运动习惯，使学生能够自主学习体育知识，自觉参与体育锻炼。体育教师要科学地传授有关运动生理及人体知识的理论内容，使学生了解体育对促进自身健康有哪些价值和意义，从而意识到体育锻炼的重要性。

(3) 体育规则是体育理论知识教学中必不可少的一项内容，学生学习运动规则之后，可以更好地了解与理解运动技术，从而更有兴趣参与进来，并能够在参与过程中正确运用技术。此外，规则的传授还有助于促进学生组织比赛和欣赏比赛能力的提高。

(4) 在体育实践课中，会因为一些原因而发生运动损伤，为了避免学生发生损伤或在损伤后束手无策，体育教师应将一些关于运动损伤预防和治疗的知识传授给学生，使学生自觉规范自己的行为，而且在发生损伤后能够及时自救。

2. 对传统体育教学内容的改造

虽然传统体育教学内容有着独特的优势，但随着时代的发展和体育教学的改革，一些传统体育教学内容已无法适应学校体育教学的需要。因此，为了使传统体育教学内容更好地发挥优势，为体育教学服务，需要对其进行适当改造，以便与现代体育教学的需要相适应。具体来说，可以通过以下思路对传统技能教学内容进行改造。

(1) 改造跑的教学内容

跑是人类最常见的一种活动形式，也是学生掌握各项运动技能的基础活动能力。在跑的项目教学中，教师可以设计各种奔跑游戏，不仅能提高学生跑的速度，还能提高学生的耐力和灵敏性，这样学生的运动素质才能均衡发展。

(2) 改造球类的教学内容

改造球类教学内容，关键是提高球类运动的参与性。要设计一些比较简单的游戏和比赛，规则要简化，旨在通过游戏或比赛吸引学生的兴趣和注意力，使学生在简单比赛规则的约束下能够顺利参与球类运动，学习简单的球类技术，培养良好的运动习惯，然后进一步学习复杂的专项运动技能。

（3）改造体操的教学内容

体操与日常生活技能密切联系，实用价值非常突出。在结合生活实际、自我保护的基础上改造这部分内容，可充分发挥体育教学内容的实效性。教师可以教授一些体操动作对学生的意志力和灵活性进行培养与锻炼，使其生存能力得到进一步提高。

3. 对民间传统体育内容的开发

体育教学的内容丰富多样，民间体育项目作为其中重要的一种，因其广泛的群众基础和深远的社会影响而备受青睐。在体育教学中开发利用民间传统体育资源，不仅可以发挥其健身功能，而且有利于特色学校体育课程的开发与建构，并能够将学生的体育学习和生活经验密切联系起来。

我国传统体育是中华民族的宝贵财富。在学校体育教学中，必须将有关传统体育文化的内容设置为重要教学内容。将民族民间体育教学内容引进学校体育课堂，不仅有利于继承和发扬民族体育文化，也有利于对学生的创新能力进行培养，同时为民族传统体育的多元化发展开辟新的路径。

具体来说，对于民间传统体育教学内容的开发与引用主要有下面两种形式。

（1）直接引用，如毽球、摔跤、武术等内容可以直接引入，适合学校体育教学。

（2）间接开发，如跳竹杠等项目需要在改编后引入，这样才更符合教学需要和学生主体的需要。

4. 对社会体育锻炼内容的引入

社会的日益发展和人民物质水平的不断提高为大众体育的开展提供了良好的环境与条件，在各方面有利因素的推动下，大众体育蓬勃发展，社会上涌现了许多新兴运动项目。这些项目对学生的吸引力很强，在客观上使得教师开发这些教学内容更加顺利。体育教师在引进新兴运动项目时必须从安全、实用的角度出发，切忌盲目引入。在引入时，还要结合学校条件、教师能力和学生兴趣，确保引进的项目能够吸引学生，并且具有可操作性，如郊游、野营、攀岩、旱冰、定向运动等。在学校体育课堂教学中引入贴近社会生活的运动项目是丰富体育教学内容的重要手段，同时是培养学生体育兴趣和体育锻炼习惯的重要措施。

5. 对上级课程文本内容的参考与修改

上级课程文本指的是"国家教育行政部门规定的统一课程和教学内容，它体现国家的意志，是专门为未来公民接受基础教育之后应该达到的共同体育素质而开发的体育课程和教学内容"，其具有一定的导向性和政策性特征。除了一些指令性的东西外，上级课程文本会考虑各地的不同情况，给地方、学校、体育教师一些自由的空间以及自由发挥的余地。因此，在选择教学内容时，各地方学校可结合自己的具体实际进行有针对性的选择。

由于各个地区以及学校的具体情况不同，上级文本所涉及的教学内容有时会出现与地方和学校的具体情况不符的部分。在这种情况下，对于不符的部分，就要进行必要的修改。需要注意的是，在修改时，不能曲解和违背上级文本的精神，要在遵从其规定和要求的基础上进行修改。

（三）体育课程教学内容选择的过程

体育课程教学内容选择的过程主要包括以下几个步骤。

1. 审视现有的体育素材

社会的制约因素是选择体育课程教学内容时首先需要关注的。具体来说，要从社会的生产、生活、教育、科学等的发展实际出发，对社会发展对人的要求和影响进行充分的考虑，并以此为基点，分析和评价现有的体育素材。现有体育素材的分析和评估主要涉及这些内容是否对学生进行锻炼、增进健康，以及培养良好的思想品质有利。此外，对那些与教育要求不相符，也不利于学生身心健康的素材，要及时剔除。

2. 分析体育运动项目

不同的体育运动项目以及身体练习有着不同的性质和特点，它们对人的身体和心理等各个方面的影响和作用是不同的。这就要求在选择体育课程教学内容时要依据体育教学的目标，对各个体育运动项目和身体练习的主要功能进行分析，并将各个体育运动项目和身体练习进行整理和合并，进而形成体育课程教学内容的基本素材。

3. 选择体育运动项目

在体育教学中，可供体育教学内容作为素材的体育运动项目和身体练习是非常多的。但体育教学的时间是有限的，将所有体育运动项目和身体练习都选为体育教学内容是不现实的，也是不可能的。因此，在选择体育教学内容时，必须依据社会的条件和需求以及学生身心发展的特点和兴趣爱好进行。

4. 分析教学内容实施的可行性

体育课程教学内容会受到地域、气候条件等的影响，在某一个地方能够实施的内容，在另外一个地区不一定适合实施，而且体育运动的实施需要有一定的场地器材条件作为保证。因此，体育课程教学内容的选择一定要对场地器材的可能性进行充分考虑。选择同样的课程内容时，一定要为各地、各校选择和实施体育课程教学内容留下足够的余地，并要保证各地、各校执行的弹性。

二、学校体育课程内容的完善

对学校体育课程内容进行改革完善需要从以下几个方面

进行。

（一）适应体育教学主体的需要

宋尽贤说："学校体育要面向全体学生，但在实际的教学工作中，有些同志又往往无法从'应试教育'中解脱出来。例如，有的人把专业教育的内容、方法和要求直接搬到普通学校的体育教学中，让广大学生望而却步，使他们失去了学习体育的兴趣和信心。这些都是脱离学校体育主体的需要所导致的必然结果。"学校体育教育主体的需要在不断变化，学校必须多设置一些诸如健美、舞蹈、轮滑等有趣的项目来适应这种变化，使体育教学与学生的生活实际更贴近，从而促进体育教学内容的丰富和广大学生学习积极性的提高。

（二）充分考虑不同体育运动和身体练习的特征

体育教学课主要包括理论课教学和实践课教学，在排列体育课程的实践部分内容时主要有螺旋式排列和直线式排列两种基本的排列方法。无论采用哪一种排列法，都需要注重不同的体育运动和身体练习的特征。螺旋式排列指的是当某一项体育运动项目和身体练习的相同内容在不同的年级或水平重复出现时，逐渐提高要求的一种排列方法。直线式排列指的是学习了某一项体育运动项目和身体练习的相同内容，基本上不再重复出现。

（三）体现地区特色与学校特色

当前，我国学校体育教学呈现这样一种趋势，即体育教师灵活运用大纲，使体育教学满足学生个体发展需要。自《全国普通学校体育课程教学指导纲要》（简称《纲要》）实施以来，我国学校体育教育就走向了"一纲多本"之路，随着社会的发展和体育教育的深入改革，未来的中小学体育也将走向这条道路。各地区、各学校应根据《纲要》的有关规定，结合本地区、本校的客观情况和主要特点，对教学内容进行自主选择和安排，凸显本地区与本校的特色，这将有利于树立学校品牌，同时能更好地发展学生的个性。

（四）增加健康教育的内容

增强学生体质是学校体育的根本任务，但学校体育不能保障学生的终身健康。因此，学校体育教学必须坚持锻炼与养护相结合的原则，在体育课程教学内容中适当增加健康教育内容。为了实现该目标，应适当增减教材内容，增加学生感兴趣、对学生身心健康有利的体育项目，将那些单调枯燥、技术难度大、无法吸引学生注意力的项目删除，还要以学生的身心特点及知识能力水平为依据设置教学内容，充分发挥体育教学内容的育人功能和健康功能。

随着社会的不断发展，对教育的要求也越来越高。教育要培养学生的创造力，要促进学生各方面素质的全面发展。学校体育教学必须积极转变观念，树立正确的指导思想，从学生身心发展特点出发对体育教学内容进行合理选择和安排，突出体育教学内容的科学性、健身性、娱乐性以及时代性等特征，让学生掌握基本的体育知识和锻炼技能，并形成基础的运动能力，为终身锻炼做准备。

第四节　新课标下学校体育课程内容资源的挖掘与开发

一、新课标下学校体育课程内容资源挖掘与开发的意义

（一）有利于促进体育课程目标的达成

开发与利用体育课程内容资源有利于打破传统单一的课程观念，确立适应社会化终身体育活动的课程观念，从而更好地达成体育与健康新课程目标，主要体现在以下几个方面。

（1）挖掘与开发体育课程资源能够为实现体育课程目标提供资源保证，为体育课程多层面标准的实施提供可能性，为学生的

创新学习提供支持系统，为拓展体育课程资源的开发路径提供途径和方法。

（2）挖掘与开发体育课程资源有助于唤起人们的课程资源意识，促进人们体育认识水平的提高。

（3）挖掘与开发体育课程资源有助于校外体育场所和设施作用的充分发挥，有利于学校体育范围的拓展，能够使学校体育与社会体育的衔接更加密切。

（4）挖掘与开发体育课程资源有助于校内外体育教育的充分结合，有助于发挥不同体育教育方式的作用。

（5）挖掘与开发体育课程资源有利于树立正确的教育观，有助于学校体育教育与终身体育关系的进一步明确。

（二）有利于提高体育教师的素质

挖掘与开发体育课程资源有利于开拓体育教师的教学视野，提高体育教师的教学水平，进而提升体育教师的素质。

体育教师在开发与利用体育课程资源的过程中，需要在体育教学中引入学生需要、学生实践等内容，从而使学生的多方面需求得到满足，促进学生个性、人格、身心、社会适应能力的进一步发展，这也必将进一步突出体育教师在体育教学中的指导地位，要求体育教师应不断学习，树立新的教学理念，领会新课标精神；要求体育教师应全面掌握运动技能，对不同运动技能的优势及运用领域都非常熟悉；要求体育教师对多种运动项目的性质特点加以了解，要能对现有的体育课程资源进行创造性改编，创造新的符合学生特点的运动方法。这将使体育教师的素质得到全方位的提高。

（三）有利于促进学生的发展

挖掘与开发体育课程资源将更好地促进学生的成长与发展。这主要体现在以下几方面。

（1）挖掘与开发体育课程资源能够使现有的体育课程教育内

容得到大范围的拓展，并促进体育教学方法的变革。引入新课程资源能够丰富体育课程资源体系，带动体育教学手段和组织形式的变化与改革，进而推动体育课堂教学的改革，提升学生的主体性、学习兴趣、实践能力以及创新能力，使学生的主观能动性得到充分发挥。

(2) 体育课程资源的多元化能够激发学生探究与创造的积极性，提高学生的探究能力与创造力。

(3) 新课程资源具有开放性，提倡信息共享，这样有助于打破教师与学生传统的主客体关系，建立一个新的民主、平等的和谐关系，进而演变为合作关系模式，这有利于提高学生的自主学习能力与协同合作能力。

二、新课标下学校体育课程内容资源挖掘与开发的原则

(一) 时代性原则

时代性原则是学校体育课程教学内容资源在开发时所必须遵循的一项基本原则。这一原则有两层含义：一是指学校体育课程教学内容资源的开发要反映出现代社会发展的需求；二是指学校体育课程教学内容资源的开发要体现出鲜明的时代特征。我们在对学校体育课程教学内容资源进行开发时，应尽可能开发出锻炼价值高、实用性强的体育课程教学内容。随着时代的发展，新的娱乐、健身、休闲的手段不断地被发明和创造，体育课程教学内容资源的开发，应该考虑这些因素，体现出鲜明的时代特征。

(二) 针对性原则

针对性原则是指要针对体育教学目标，从学生、体育教师、学校的特点和实际出发进行学校体育课程教学内容资源的开发。针对体育教学目标进行学校体育课程教学内容资源开发，即要对

不同特定的体育教学目标，开发不同的体育课程教学内容资源；同时应该针对体育教学目标对各种资源进行比较与分析，以便能开发出适应性相对较强的体育课程教学内容。针对学生的特点进行体育课程教学内容资源开发，即在体育教学开发与建设上要有“以学生为主体”的思想，针对学生的生理和心理发展水平，针对学生的体育兴趣与爱好，针对学生已有的体育学习基础和能力。针对体育教师特点进行学校体育课程教学内容资源开发，就是针对每位体育教师的教育思想、理念、知识、经验、专业水平、特长等开发学校体育课程教学内容资源。针对学校的特点进行学校体育课程教学内容资源开发，是要考虑学校的实际情况，如学校的性质和任务、所在地的地理位置、历史传统、培养目标、办学宗旨、师生结构、校风校纪、校容校貌及学校的场地、器材、设备的特点等。

（三）开放性原则

开放性原则是指学校体育课程教学内容资源的开发要打破时间、空间、学科、领域、途径的界限，尽可能开发利用有益于体育课程实施活动的体育课程教学内容资源。而体育教学本身作为一种开放的、不断变化的系统，其内容资源的开发同样要注意遵循开放性原则，其中主要包括时间的开放性、空间的开放性、学科的开放性、系统的开放性以及途径的开放性。时间的开放性指的是学校体育课程教学内容资源的开发应该跨越时间的界限。空间的开放性是指学校体育课程教学内容资源要对各方面的资源进行开发。学科的开放性是指学校体育课程教学内容资源的开发要打破体育学科与其他学科之间的界限，尽可能利用其他学科的内容资源，使体育课程教学内容更加综合和全面。系统的开放性是指在进行学校体育课程教学内容资源开发时，不能只局限于学校体育系统，要尽可能利用社会体育系统和竞技体育系统的内容资源，还要超越体育系统的界限。途径的开放性是指学校体育课程教学内容资源开发时不应该局限于某一种途径或方法，应尽可能探索多种途径或方法，并能协调使用。

（四）合作互补原则

合作互补原则是指在学校体育课程教学内容资源的开发过程中，要充分发挥体育教学专家、体育教师、学生等人员的作用，充分利用他们的知识、经验、特长以及各自的优势，取长补短、优势互补，共同提高体育课程教学内容资源开发的质量与效果。合作互补原则是学校体育课程教学内容资源开发的重要原则。体育教师要对一切可用的外来资源进行有效利用，以此来提高体育课程教学内容资源开发的效果。

（五）开发与利用相结合原则

学校体育课程教学内容资源的开发还要遵循开发与利用相结合原则。开发与利用相结合原则是在学校体育课程教学内容资源开发过程中，要注意使开发与实际利用结合起来，不能单纯地为了开发而开发，要使开发的体育课程教学内容资源通过教学实施的各个环节进入体育课堂而发挥其作用与功能。在体育课程教学内容资源的开发中，一定要注意尽量避免只重开发不重利用的倾向，既要注意开发的数量，也要注意开发的质量；既要树立积极开发各种体育课程教学内容资源的意识，又要善于分析、识别、发现现有的体育课程教学内容资源，对闲置的体育课程教学内容资源及时进行加工、改造和转化，使之进入体育课程并加以充分利用。

三、新课标下学校体育课程内容资源挖掘与开发的步骤

（一）筛选

筛选是按照一定的标准从大量的学校体育教学内容资源中，选出适合的体育教学内容的方法。具体来说，筛选需要做以下

工作。

1. 开列内容清单

应尽可能多地罗列出相应的体育教学课程内容资源，以使选择多样化。

2. 确定选择标准

由于开发主体、开发目的有一定差异，因此应按照相应的标准来进行开发，避免体育教学内容的混乱。在制订相应的标准时，考虑的因素包括国家的教育和体育政策、学校体育的指导思想和目标、体育课程标准、学校的体育环境、师资、体育教材、学生的特点、体育课堂教学目标等。

3. 筛选体育教学内容

按照上述选择标准筛选出合适的体育教学内容。需要注意的是，为了提高体育教学资源开发的合理性，可将筛选法和其他方法结合起来运用。

（二）改造

改造是指根据体育教学具体实施的对象和条件等特点的不同，对原有体育教学内容资源的某个构成要素进行加工、变化、修改的方法。改造是体育教学内容资源转化为体育教学内容的基本途径。具体来说，改造需要做如下工作。

1. 分析学生的特点和学校的条件

这项工作主要包括分析学生的年龄、性别、兴趣、爱好、生理发育特点、心理发育特点、生活经验基础以及学校的场地、器材设备条件等因素，通过分析，确定改造的具体内容和方式。

2. 分析体育教学内容资源的构成要素

体育教学内容资源是由一定的基本要素构成的，改造实际上就是对这些要素的不断变化、加工和修改。

3. 改造体育教学内容资源的构成要素

对体育教学内容资源的构成要素进行改造要按照一定的目的和原则。目的包括向动作教育方向教材化，向游戏方向教材化，向理性方向教材化，向文化方向教材化，向生活、实用方向教材化，向简化方向教材化，向变形方向教材化和向运动处方方向教材化等。考虑四个基本原则，即趣味性与游戏性原则、教育性与文化性原则、适应性与可行性原则以及生活性与实用性原则。

4. 重构与修改体育教学内容资源

对改造后的体育教学内容资源进行重新构建，运用于体育教学的课堂实施，在了解其效果和存在的主要问题后，进行适当修改，为下一轮实施提供参考。

（三）整合

整合是将各种体育教学内容资源的某些要素通过一定的方式有机地结合在一起，从而形成新的体育教学内容的方法。整合需要做如下几个方面的工作。

1. 确定整合目的

采用整合的方法进行学校体育教学内容资源开发，一般有以下几种目的。

（1）为了发挥体育教学内容的多种教育功能。

（2）为了增加体育教学内容的趣味性。

（3）为了提高体育教学内容的适应性。

2. 确定整合方式

体育教学内容资源的各要素之间有多种整合方式，因此有必要对整合的要素进行精心选择和设计。当然在确定整合的方式时，要对所要整合的体育教学内容资源的要素特点进行分析。

3．进行资源整合

在整合之前，要运用改造方法对一些要素进行必要的改造，以便使整合后的体育教学内容具有更强的适应性和可操作性。

4．检验与修改

将整合后的内容通过教学等途径实施，以检查其可行性和发现所存在的问题，然后再做一定的修改和调整。

（四）拓展

拓展主要是指对原有的学校体育教学内容资源在形式、具体内容及功能等方面进行扩展、补充，使学校体育教学内容在具体内容和形式上更加完整，在功能上更加全面的方法。拓展一般要进行以下几个方面的工作。

1．对体育教学内容资源的性质和特点进行分析

这一步骤主要是分析体育教学内容资源的内容结构、呈现方式、主要功能等方面的特点，以便为如何对该内容进行拓展提供依据。

2．对拓展具体内容进行分析，寻找拓展的空间

考虑从哪些方面进行拓展，是进行内容结构拓展，还是呈现方式或主要功能的拓展等。

3．对体育教学内容资源进行拓展的尝试

拓展时要充分利用学校、社区和家庭的各种条件，如图书馆、资料室、网络、书店等，并注意对拓展的内容进行必要筛选、改造，使其具有可行性和可操作性。

4. 整理、实施与总结

对拓展后的内容通过课堂教学实施，并对实施的情况进行总结，并进行分门别类整理，有些内容可以作为资料长期保存，有条件的还可以建立相关的资源库。

（五）总结

总结主要是指对学校体育教学内容开发实践中的各种经验、成果等进行回顾、分析和反思，以归纳出具有典型意义的学校体育教学内容的方法。在学校体育教学内容资源的开发中，总结既是一种开发方法，也是开发过程中的一个重要环节。总结需要做以下两个方面的工作。

1. 对开发过程进行反思

对开发过程进行反思就是对学校体育教学内容资源开发过程中的各种经验、心得、教训等进行反思和回顾。反思应尽可能详细，以便能够从中发现一些有价值的经验。

2. 形成文字材料

在反思的基础上，用报告、小论文、学术论文及专著等形式对反思的结果进行反映。

第五章　新课标下学校体育课程实现途径的探索与研究

在新课标背景下，要合理实现体育课程教学，就需要把握课程实施的主体，掌握课程实施的方法、模式，对课程教学进行合理设计，分析课程实施的环境与效果。本章探索与研究新课标下学校体育课程的实施途径。

第一节　学校体育课程实施主体研究

一、教师

（一）体育教师的特点

结合体育教师的专业知识能力和教学长项，可将体育教师分为几种类型，不同类型的体育教师在体育教学中表现出不同的特点，具体分析如下。

1. 擅长组织教学的体育教师

擅长组织教学的体育教师和其他教师相比，最大的特点是在教学工作开展中往往能取得良好的教学效果，并且深受学生的喜爱和认同，这与他们自身所具有的教学能力和教学智慧有着密切联系。

一般来说，擅长教学的体育教师具有以下几个方面的特点。

（1）热衷于体育教学事业，对学生表现出热爱和尊重。

（2）能够在积累许多教育理论和实践经验的基础上，将这些知识在教学中充分发挥出来，能以学生的实际情况为主要依据，并且与教学规律以及对教学原则的贯彻有机结合起来，教法灵活、组织有序，能有效把握和调控课堂教学的氛围，能够激发学生的学习兴趣。

（3）运动技能运用方面一般或者较为欠缺，往往在组织课余体育训练方面显得心有余而力不足。

2．擅长训练的体育教师

擅长体育训练的体育教师，在组织教学训练方面颇有心得，教学训练组织有序、效果不错。此类体育教师具有以下特点。

（1）在1～2项的运动项目上具有突出的运动成绩与运动技能，有的体育教师有运动员经历。

（2）具有优秀运动禀赋的学生往往会受到这一类型体育教师的吸引，体育教师也能对这些运动技能和潜力较强的学生产生较强的敏感性和吸引力。

（3）具有较强的组织管理能力和专项运动水平，能够结合实际情况，针对训练对象的身心特征，采用科学、合理、专门的训练手段和方法。

（4）往往只注重训练，并将获得优秀的训练成就作为实现自身价值的舞台，容易忽视体育教学促进学生体质健康的基本价值和功能，会导致教学效果不理想。

3．擅长科研的体育教师

随着我国体育课程教学改革的不断深化，新课标下的学校体育课程教学对体育教师素质的要求也越来越高，在要求体育教师具备教学、训练能力的同时，还要求其具有一定的理论科研能力。近年来，科研型体育教师有所增加，此类体育教师具有以下特点。

（1）能自觉学习高层次现代教学理论，能敏锐地发现体育课程教学问题，并做深入研究和探索，可将自己的课堂教学与课外训练相结合，以取得较高层次的教育科研成果，促进体育改革。

(2) 由于时间和精力多用于科研,在教学与训练方面投入不足,执教能力不高,影响良好体育教学效果的取得。

4. 复合型体育教师

复合型体育教师具体是指在教学、训练、科研方面均比较擅长的体育教师,并能很好地处理好教学、训练、科研三者的关系。

随着社会的不断发展与进步,体育改革的日渐深化以及体育教师自身寻求和谐完美发展的需求的日益高涨,复合型的体育教师将成为体育师资队伍建设和发展的主要目标。因此,复合型的体育教师是各级各类学校体育教师队伍中的骨干和精英。

(二) 体育教师在体育课程实施中的主导性

教师的主导性是指在学校体育课程教学活动的开展过程中,教师对活动起主导性作用,这种主导性表明了教师在教学中的主要地位和主要责任。主导性包括对学生的领导、诱导和指导等综合的作用与责任。当前,在具体的课程教学实践中,体育教师的主导性主要表现在以下几个方面。

1. 对体育教学指导思想的贯彻

不同时期的体育教学指导思想不同,这些教学指导思想既体现在体育的教材中,又体现在体育课程教学的过程中,而体育教师的重要任务之一就是在课程教学过程中贯彻教学指导思想,这种贯彻体现在体育课程教学过程的准备阶段和实施阶段。在体育课程教学过程中,体育教师是贯彻体育课程教学指导思想的主导者。

2. 对教学内容的选择与加工

体育教师是体育课程教学内容的选择者与加工者。在新课标下的学校体育课程教学实践中,教师面临的体育课程教学内容非常丰富,许多素材是体育的正规竞技项目,体育教师是体育素材和学生之间的桥梁,担负着选择体育素材并将素材加工成为教材的重要任务。

在具体的教学实践中，教师要从社会要求、学科要求和学生的需求三者之间寻找结合点，精选符合社会要求、符合学科特点和符合青少年身心发展的教学内容。总之，体育教师是选择和加工体育课程教学内容的主导者。

3. 对教学方法和手段的选用

体育教材要求与之相应的教学方法和手段，不同年龄阶段的学生也有相适应的教学方法和手段，能否正确地选择体育教学方法和手段将直接影响教学效果。

在学校体育课程教学实践中，体育教师要根据教学目标和教学情境的变化，巧妙地运用各种教学方法，创设各种教学情境，以帮助学生更好地掌握体育知识和技能。因此，体育教师是选择和运用体育教学方法的主导者。

4. 引导学生明确体育学习方式

现代学校体育课程教学强调学生灵活地、有创造性地学习。体育教师在体育课程教学中的另一个重要任务就是要“导航”学生的体育学习方式，使学生能够灵活、自主、有创造性地进行体育学习。因此，体育教师是学生良好学习方式的主导者。

二、学生

（一）学生的特点

在学校期间，学生在生理和心理上表现出一定的特点，这些特点是体育课程教学活动科学开展的重要参考依据，体育课程教学活动组织与安排应充分考虑学生的特点，具体分析如下。

1. 学生的生理特点

在身体形态方面，学生的生长发育已经成熟，男女学生表现出明显的性别差异。就全国范围内的学生来讲，个体和个体之间、地区和地区之间也存在差异，如有研究表明城市学生的身高比乡村学生的身高要高。

在身体机能方面，学生神经过程的抑制阶段已经基本完善，大脑结构和机能达到成人水平，具有较好的抽象思维能力；学生的长骨增长基本稳定，骨的弹性大，关节囊、韧带延展性好，坚固性好；骨组织内无机盐增多，水分和有机物减少，骨密质增加，骨骼变得粗硬；肌肉长度和横断面积增加，肌肉力量和耐力较好，对力量和耐力性的素质练习承受能力较强；胸廓大，肺容积、肺活量大，呼吸肌发育完全，呼吸频率减慢加深，呼吸调节能力强；学生的心脏发育已经接近成人，心收缩力强，心率减慢。

在身体体能方面，学生身体体能的发展与身体形态和机能的发展趋于一致，身体体能达到高峰，男女学生体能的性别差异明显。

2. 学生的心理特点

在认知方面，学生的感知能力、运动知觉有了很大提高，抽象思维能力占据相对主导的地位，有意注意力发展显著，自觉性和灵活性也有所增强。此外，学生的抽象思维能力有了较大的提高，辩证思维开始形成，思维的独立性和批判性也更加鲜明。

在学习能力方面，学生的学习动机、兴趣和能力基本稳定，越来越重视学习的效果和教师的评价，自身的发展与社会价值之间联系紧密。

在情感和意志方面，学生的情绪稳定，能很好地控制自己的感情；独立性、主动性和坚持性强，道德感、理智感达到较高水平，意志品质发展迅速。由于个体差异大，不同学生会表现出不同的情感和意志特点。

3. 学生的社会性特点

在社会性方面，学生具有丰富的情感，而且个体之间差异较大，各方面的潜力发展具有隐蔽性和可开发性。

（二）学生在体育课程实施中的主体性

学生的主体性是指在体育课程实施中，作为学习主体的学生在教师的教授、指导和引导下所表现出的积极态度和有独立性的、有创造性的学习行为。学生在课程实施活动中的主体性主要表现在以下几个方面。

1. 体育教育影响的自主选择

因为学生对体育教师教育的影响并非无条件地接受，所以要求教师的教学尽量适应学生的需要、符合学生的身心发展，并且运动负荷量适当等。因此，学生有根据主体意识，积极地或消极地进行选择的权力。

2. 体育学习内容的选择性

在体育学习过程中，学生的选择性表现在对学习内容和学习方式的选择上。学生主动参与课程教学内容选择是当代教学思想所提倡的，学生选择课程教学内容是学生自主性中最活跃的因素。当然，要明确的是学生选择体育教学内容是在体育课程专家根据社会和教育目标所做的初步筛选后进行的。学生在一定程度上对课程教学内容的选择有助于他们学习目标的明确，也是通过学生的“我想要学”动机来调动他们积极性的措施。因此，让学生在课程教学目标的框架内参与一部分教学内容选择，是学生发挥主体性的需要和必然。

3. 体育学习的自主性与能动性

在体育学习过程中，学生的自主性表现在三个方面。首先，学生对自己学习的方略有着独立自主的意识，这主要体现在思想意识的层面。其次，学生对体育学习活动有一定自我支配、自我调节和控制的可能性，这主要体现在个性化学习方式和个性化学习行为方面。最后，学生在学习中充分发挥自身的潜力，学生在学习中有着各种潜力，如想象力、变化能力和创新能力等，这主要体现在学生的探究性学习活动中。

在体育学习过程中，学生的能动性表现在，他们积极地参与体育活动，并能以自己已有的体育知识经验、认知结构和情意结构去主动地同化外界的教育影响，对知识进行吸收、改造、加工或排斥，使新、旧体育知识进行新的组合。

4. 体育学习的创造性和创新性

学生在学习中属于能动的个体，在完成体育教学任务的方式、方法、思路以及对问题的认识等方面，并不一定完全遵循教师所教的内容或方法，可能会表现出一定的创新性和创造性。

第二节　学校体育课程实施途径研究

一、学校体育课程的教学方法

（一）语言教学法

在体育课程实施过程中，教师通过对学生实施语言指导来达到预期教学效果的方法，就是语言法。体育教师能否正确、简洁、形象地运用语言，对学生学习效果和教师教学任务的完成情况有很大影响。正确使用语言有助于学生深刻认识具体的学习目标与学习任务，有助于学生全面掌握具体知识、技能。由此可知，教师在体育课程实施过程中应当深刻理解并重视运用语言法的意义和技巧。在体育课程实施过程中，语言法的常见运用形式有讲解、口头汇报、口头评价等，具体如下。

1. 讲解法

讲解就是教师明确地向学生说明有关的动作要领、动作方法以及动作要求等，旨在提升学生掌握相关运动技能的效率。在体育课程教学实施中，讲解法使用的频率较高，运用这项教学方法的注意事项如下。

（1）对讲解目的有清晰认识，讲解时密切联系教学目标、教学内容以及学生特点。在讲解过程中，教师应当合理调节语速与语气，同时抓住教学重点、教学难点，保证讲解法达到目的性要求与针对性要求，如此才有助于学生明了重点内容以及掌握需要重点理解的内容。

（2）教师在讲解过程中应当保证内容达到正确性要求，所讲解的各个方面的基础知识都应当准确无误。除此之外，教师选择的讲解方式应当和学生的学习情况以及学习水平相吻合，从而促使学生以更加积极的态度学习与掌握有关知识。

（3）为促使学生全面掌握相关的技术动作，教师的讲解应当形象、简洁、清晰。教师在讲解过程中应当有机联系崭新的技术动作和学生已经掌握的内容，推动学生充分掌握相关的动作技术。因为学生集中注意力的具体时长常会伴随学习时长的增加而呈现下降趋势，所以教师一定要紧抓重点、简要讲解。

（4）在讲解具体的教学内容时，教师不应当孤立部分知识体系以及动作技术，应当采取多种方式启发学生的发散性思维与创造性思维，促进学生灵活运用各类知识，全面掌握相关理论，最终学以致用。

2. 口头汇报法

口头汇报是教师掌握教学进度与效果的一项有效方法，这项教学方法要求学生在联系教学需求的基础上，为教师表明自己的学习心得以及对相关教学内容、教学方式、疑难点的具体看法。学生的口头汇报可以让教师更加清晰地认识到教学过程中的缺陷，为教师提升教学质量提供重要依据。就学生来说，口头汇报法不仅可以提高学生的口头表达能力，还能激发学生独立思考的积极性，促使学生更加深刻地理解教学内容。由此可见，口头汇报法不但能有效提升师生的素质，而且能有效改善体育教学效果。

3. 口头评价法

口头评价是教师对学生完成动作的实际状况和课堂表现进行口头评价，由此推动学生更高效的学习。口头评价主要由积极评价和消极评价组成。积极评价是指从正面鼓励学生，这有助于激发学生的积极性，为体育教学活动的顺利开展提供便利；消极评价是指否定性评价，该评价可以明确指出学生的缺陷，为学生指明提高方法与努力方向，教师选用否定性评价时应当注意语气与口气。

（二）直观教学法

在体育课程实施过程中，直观教学法的使用频率较高。借助一定的直观方式对人体感觉器官产生影响，由此产生相应的感知，最终完成体育教学目标。通常情况下，直观教学法的运用形式有动作示范、多媒体技术、教具和模型的演示等。

1. 动作示范法

教师通过某些示范动作，促使学生掌握技术动作的形象、结构以及要领的方法，就是动作示范法。通常情况下，教师会在动作示范环节亲身示范或者指定学生示范，采取动作示范法的注意事项如下所述。

（1）教师在动作示范之前应当有明确目标。如目标是让学生了解动作的大体形象，应当略微加快速度；如目标是让学生了解动作结构，要对学生产生引导作用，应当略微减慢速度，适当增加夸张色彩；如是对重点动作和难点动作进行示范，则应当合理增加示范次数。

（2）教师应当保证示范动作的准确性，防止误导学生的情况出现。教师在讲解过程中不但要保证内容的正确性，而且要把教学内容的具体特征反映出来，充分适应学生的学习水平，充分激发学生的学习兴趣。

(3) 示范动作应当保证所有学生都可以看到，教师可以指导学生呈圆圈形站立或者错位站立。

(4) 通常情况下，教师在动作示范时会配合相关的讲解，从而减小学生的理解难度，教师可以采取的方式有先示范后讲解、边示范边讲解和先讲解后示范等。

2. 多媒体技术法

多媒体技术主要包括视频、幻灯等。目前，多媒体技术在体育教学实践中的运用比较有限。

3. 直观教具与模型演示法

针对体育教学中的高难度动作，教师可以借助图表、照片、模型等直观方法实施辅助教学。运用这些教学工具可以减小学生掌握相关技术结构与动作形象的难度。除此之外，部分战术配合也时常选用模型演示法进行讲解。

(三) 完整教学法

从动作开始到结束都完整进行教学与练习的方法，就是完整教学法。教师采取完整教学法的常见情况是技术动作不是特别难或者技术动作无法分解，教师第一次示范动作时便会采取动作示范法。教师运用完整教学法的注意事项如下所述。

(1) 针对简单且容易掌握的动作技术，教师应当先采取完整的动作示范，然后由学生直接完成完整的动作练习。

(2) 难以分解的技术动作同样需要采取完整教学法，但教师应对各项要素实施必要分析，具体要素有动作的用力、动作转变的时机等。教师不应过度关注动作细节，应当立足于全局来掌握技术动作，保证学生能够完整、顺畅地完成动作。

(3) 教师可以适当降低部分动作的难度，教师应当先降低难度或徒手完成有关动作，然后循序渐进地增加难度。教师降低动作难度的基本要求是保证技术动作没有产生错误。除此之外，教师可以适当降低器材在高度和距离等方面的标准。

（4）教师运用完整教学法时，可以对外部环境条件进行适度调整，促使学生借用外界条件来完成完整动作。

（四）分解教学法

把完整动作分成几个部分，由此使学生循序渐进地掌握完整动作技术的方法，即分解教学法。动作难度较高且能够分解的动作适宜采取分解教学法。使用分解教学法可以把复杂动作分解成简单动作，降低动作的难度，增加学生掌握动作的信心。分解教学法的不足之处是侧重于对局部动作的分解把握，可能会出现没有全方位理解整体动作的情况，所以教师往往会把分解教学法和完整教学法结合使用。

教师运用分解教学法的注意事项：第一，教师应当认真分析动作技术的特征，选用最适宜的分解方式，保证时间和空间等方面达到有序性和统一性的要求；第二，当教师把完整技术动作划分成多个环节时，应当全面兼顾各环节存在的联系，高度重视动作结构的联系性；第三，当学生掌握不同阶段的动作后，应当衔接好不同环节的动作，保证各个环节顺畅衔接，最终共同构成一个有机整体。

（五）预防与纠错教学法

在体育课程教学中，教师采用预防与纠错教学法的目的是预防和纠正学生在练习过程中出现与可能出现的错误动作。在体育教学实践中，学生不可避免地会出现对不同类型的动作技术掌握不标准和错误的情况，对这种情况教师应当采取正确的态度，对学生进行有意识的引导与纠正。

预防和纠错之间是相互联系的关系。具体来说，预防存在一定程度的超前性，教师需要对学生可能出现的错误动作进行积极引导，并准确剖析学生出现错误动作的原因；纠错存在一定程度的针对性，教师需要结合学生出现的错误动作进行有针对性的纠正，并及时找出出现错误的具体原因。预防与纠错方法常见运用形式如下所述。

1．语言表述法

要想使学生构建正确的动作概念，教师不仅要保证动作细节准确，还要保证要点描述准确，从而使学生对具体技术动作的标准与结构顺序有清晰、深刻的认识。教师运用语言表述法有助于学生构建正确的动作意识。

2．诱导练习法

诱导练习法有助于学生的动作更加准确，进而使学生逐步达到有关的教学要求。例如，学生在做肩肘倒立时，不能将腰腹部挺直，针对这种情况，可在垫子上方悬一吊球，让学生用脚尖触球，这样学生就可以挺直腰腹部了。

3．限制练习法

在完成有关的动作练习时，教师设置适宜的限制条件能够有效纠正学生的错误动作。例如，在进行篮球投篮练习时，为了使学生的投篮动作更加协调、标准，可练习罚球线左右的投篮练习，使学生掌握正确的投篮方式。

4．自我暗示法

在完成有关的动作练习时，学生为保障自己准确完成有关动作，在练习过程中有意识地暗示自己达到相关标准的方法，就是自我暗示法。以篮球运动中的投篮运动为例，学生可以暗示自己在投篮过程中要保证手指动作和手腕动作标准，进而保证投篮动作达到标准。

二、学校体育课程的教学模式

（一）主动性体育教学模式

在体育课程教学中，整个教学活动的主体是学生，因此主动性体育教学模式可以更好地引导学生通过自己的思考与体验来进行交流与合作，从而不断发展自身的社会技能、社会情感以及创造能力。在具体的教学中，要想取得较为理想的教学效果，必须要营造良好的课堂环境与氛围，形成校园体育文化。主动性体育教学模式在这样的环境和需求下应运而生。

1. 指导思想

主动性体育教学模式倡导学生积极主动地参与进来，突出学生的主体性，其指导思想主要包括以下几个方面。

（1）培养学生的参与能力。只有学生主动参与到教学活动中来，才能有机会使学生的主动性得到进一步发展。

（2）培养学生的学习能力。引导学生以教师的观点或者立场去看待问题，有利于提升学生的学习能力和主动性。

（3）培养学生的合作精神。使学生认识到团队合作的重要性，培养学生的集体主义精神，同时可创造出理解、尊重、宽容、信任、合作、民主的课堂氛围。

（4）培养学生的创新意识。创新是进步的阶梯，教师应根据教学实际和学生的具体情况，有针对性地培养学生的创新意识和创造能力。

2. 优点与不足

（1）优点

体育课程教学中运用主体性体育教学模式可以实事求是地、有针对性地发展学生的主体意识，有助于学生提高学习的主动性，发展自主学习能力。

（2）不足

主动性体育教学模式需要学生有一定的自觉性和主动性，同时要求学生具有自我设计教学计划、教学手段、教学方法、组织措施的基本能力，另外还要求学生的自学能力强，不然这种体育教学模式就不能获得理想效果。

（二）小群体体育教学模式

小群体的学习形式源自日本的“小集团学习”理论。小群体体育教学模式指的是在体育教学中，把全班学生进行分组，同时在教师的指导下，同组学生之间、小集团与小集团之间通过互相合作、互相竞争，不断培养和提高学生的学习主动性，从而提高教学效率的一种教学模式。

小集团学习法产生于其他学科当中，到了20世纪50年代开始逐渐应用于体育课程教学中。这种模式在体育课程教学中的运用除了取得较为理想的效果外，还进一步促进了体育课程教学的发展和完善。

1. 指导思想

小群体体育教学模式的主要指导思想是在遵循体育学习集体发展和发挥教育作用的规律的基础上，通过体育课程教学中的集体因素以及学生间交流的社会性作用，推进学生之间的交往，发展学生的社会适应性。此外，在运用这种模式的过程中，还应注意培养学生自主学习能力，适应学生的个体差异表现。因此，小群体教学模式的指导思想具体体现在以下几个方面。

（1）有针对性地培养学生的优秀品质。

（2）强调集中注意力，并要求学生相互帮助、彼此团结，以有效地提高组内的竞争力。

（3）通过教导学生相互间的合作、竞争，从而提高学生的身心健康和社会适应能力。

(4) 要在条件基本均等的情况下，在规则的约束下组织每组之间进行竞赛，从而激发学生学习的兴趣，提高学生学习的效果。

2. 优点与缺点

(1) 优点

小群体教学侧重于培养学生的团结协作精神，有助于充分调动学生学习的积极性以及竞争性，也有利于培养和提高学生的社会适应能力。通过小群体教学，不仅能够提高组内团队间的合作能力，而且可以提高团队与其他团队之间的竞争能力，增强学生的竞争意识。

(2) 缺点

由于这种教学模式更加注重培养学生的社会适应能力，从而使得学生学习技能、战术等其他教学内容的时间相对减少。

(三) 发现式体育教学模式

发现式体育教学模式是指通过体育教师的指导，学生能够独立地研究和发现事实和问题，从而更加深刻地掌握相关原理和知识的一种教学模式。这种教学模式重点发展学生的直觉思维、内在的学习动机，强调教学过程。

1. 指导思想

发现式体育教学模式是教师通过对学生进行适当引导，让学生运用自己的主观思维积极地思考，独立地发现问题、解决问题的教学方式。这种体育教学模式的指导思想就是在体育教学中通过遵循学生的认知规律来考虑教学过程，体现以学生为主体、以学生为中心的思想，其指导思想体现在以下方面。

(1) 在以学生为主体的前提下来指导学生。

(2) 调动学生思维的主动性，使学生的智力得到开发。

(3) 重点增强学生学习的积极性和趣味性。

(4) 在公布答案之前，让学生自己去探索问题的答案。

(5) 设置问题情境，并使学生较为自然地进入教学情境中，激发学生的学习热情与积极性。

(6) 可以提高学生学习运动技能的效率，使学生更加深刻地领悟技能与知识。

2. 优点与缺点

(1) 优点

发现式体育教学模式不仅可以充分调动学生学习的积极主动性，还可大幅提高学生的学习效率；发现式体育教学模式有助于开发学生智力，提升学生的智力水平；发现式体育教学模式注重发展学生的智能，通过在学习过程中设置问题情境，激发学生学习的好奇心与求知欲。

(2) 缺点

发现式体育教学模式在问题的提出、讨论、解决等环节消耗很多时间，从而使得运动技能练习与巩固的时间非常有限，会对学生学习和掌握运动技能的效果产生影响。

(四) 情境式体育教学模式

学生具有不同心理偏向和偏好，如有的爱幻想，有的喜欢节奏性舞蹈，还有的喜欢角色游戏活动等，并且学生容易使自己的情感转移到所感知到的对象上。教师可根据学生的这些心理特点，采取情境式体育教学模式。体育课程教学活动所具有的活动魅力和美感直接决定了创设体育教学情境能够最大限度地发挥情感的驱动作用。体育课程教学情境所营造出的具有可感形象的氛围，能够让学生对客观事物产生具体的感受，从而在想象活动中达到“物情同一”“我他同一”的效果，同时加深体育教材的体验感知，自觉主动地投入具体的体育教学活动中。

1. 指导思想

(1) 强调情感体验。在体育教学中，学生不仅能够学习体育基础知识与基本技能，而且能够从中获得更多生活体验，锻炼独立生存能力。作为教学的主体，学生参与体育教学重在体验与感受，而不是单纯地掌握体育知识和技巧。在情境式教学中，学生在对形象进行感受的同时，也会对教学情境产生主观印象，全身心地投入其中，主动接受教学，从而获得各种情感体验。

（2）掌握群体相融技巧。情境式体育教学模式让学生以比赛与游戏的组织形式，在获得良好的情绪体验中来提高社交能力，发展人际关系，强调遵守体育竞赛规则，并在规则约束的情况下学会人与人之间的合作与竞争。

（3）提高教学内容的趣味性。将体育教学内容中的某个项目或某项身体素质作为教学单元，在教学过程中要结合具有故事性的游戏来活动身体，让学生在轻松愉快的氛围中提高身体素质，让学生学会一些基础性的、简易的运动技术。

2. 优点与缺点

（1）优点

其一，情境式教学模式能够充分调动学生学习的积极主动性，并顺利完成课堂的教学任务。运用这种模式，可以让枯燥、单调的练习变得充满趣味。它并不局限于以往教学方法的条条框框，能够使每一位学生都参与进来。这对于那些运动基础较为薄弱、体育成绩不佳的学生来说，可以在情境体验中获取积极体验，从而收获信心，肯定自身价值。

其二，体育教学情境的创设能够让体育课堂的氛围更加轻松，使学生在教学过程中轻松而愉快地学习，进而使学生对学习内容的可接受性和教师传授的规范性和广阔性增强。

其三，情境式教学模式有利于学生思维的发展，使学生通过动脑筋去思考、去想象，在锻炼身体、提高运动技能的同时收获知识，还能锻炼思维能力。

其四，情境式体育教学模式能够让学生进入美好的意境之中，并使学生受到美的熏陶，最终陶冶学生的情操，使学生形成对美的启发与想象，在体育教学的过程中有机地渗透美育教育。

（2）缺点

情境式教学模式的使用范围相对狭窄，对于高年级学生来说实用性较差。另外，情境式教学模式中由于练习内容较为简单，对于一些想要发展运动技术技能的学生来说会感到不够“过瘾”，满足不了自身需求，也会对他们的学习兴趣产生不良影响。

（五）领会式体育教学模式

领会式体育教学模式是在20世纪80年代由英国学者提出的。这种教学模式在应用过程中试图通过从整体开始学习或领会新教程，同时改变以往只追求技能而忽视学生对整个运动项目的认知，解决了对运动特点把握不足的问题，从而达到提高球类教学质量的目标。

1. 指导思想

领会式体育教学模式的指导思想主要包括以下几个方面。

（1）注重先尝试、后学习的学习方式。

（2）要在尝试的过程中，充分了解学习运动技术的重要性，进而提高学生学习的主动性。

（3）强调先进行完整教学，然后再进行分解教学，在掌握各部分分解动作的基础上再完整尝试，从而对比学习前后的效果。

2. 优点与缺点

（1）优点

领会式体育教学模式通过先让学生初步进行体验，体会出学习正确动作的必要性，然后再结合学生的实际情况，选择相适应的教学方法来促使学生产生强烈的学习动作的动机和需要，进而调动学生学习的积极性，提高学习效率。

（2）缺点

在运用领会式教学模式进行练习或比赛时，学生由于对陌生的项目缺乏初步认知，很可能会出现无法顺利进行的情况。在尝试性练习或比赛中，要想避免这种情况的发生，可以先降低要求、放宽限制，使学生慢慢摸索，进入角色中，从而使练习或比赛走上正轨，以此来保证尝试性比赛的顺利进行。

（六）选择式体育教学模式

在"健康第一"思想和新课程标准的影响下，为了切实体现以学生为主体的教学观念，体育教学模式中出现了选修课。选修课的出现有助于学生在体育学习过程中按照个人的兴趣爱好和个人需求选择相应的项目进行学习。由于这种教学模式切实可行且取得了良好的教学效果，因此已经在近年的体育课程教学中采用，并受到体育教育工作者的高度重视。

1. 指导思想

选择式体育教学模式能够使学生自主选择的优势得到充分体现，让学生拥有决定权，自由选择所要学习的内容、学习进度、学习参考资料、学习伙伴、学习难度等，这样能进一步提高学生的学习兴趣，同时有助于充分调动学生学习的积极性和主动性，更好地培养学生的学习能力。

2. 优点与缺点

（1）优点

学生自主选择学习内容，不仅显示出学生的主体地位，而且有利于提高学生的学习兴趣。另外，学生根据自身的兴趣和需求来选择学习内容，有助于更好地培养学生的自觉性、学习态度、学习热情、情感体验等，还可以提高学生的责任感。

（2）缺点

结合相关的体育教学实践来看，选择式体育教学模式虽然对有运动兴趣的学生有积极作用，但将使那些对体育理解不深、对体育没有特别偏好的学生在课程选择上具有一定的盲目性。换言之，这种教学模式并不适用于所有学生。同时，由于受到技术难度、趣味性、运动量以及考核评价等方面的影响，学习内容可能会导致学生功利性地选择运动项目，从而造成选择内容不均等、学习程度不同，进而对教学活动的进行产生消极影响。

（七）快乐式体育教学模式

快乐式体育教学是重视运动所具有的独特乐趣，愉快地从事运动和学习，并将运动中内在的乐趣作为目的和内容的一种体育教学方式。日本学者认为，快乐式体育教学的宗旨是把运动作为体育内容追求的目标，而不仅仅是手段，把运动作为学生将来生活的内容来教给学生，让学生能够理解、享受、掌握和创造运动，使运动文化成为学生生活中不可缺少的一部分，直至终身。

快乐式体育教学的目标是对体育运动中蕴含的无穷乐趣的求索。体育运动具有独特魅力，富含丰富乐趣，彰显出体育的生命活力。因此，要对现有的体育教材内容进行重新认识，进行科学合理的分类整理，建设完善的教材体系，有目的、有计划地使学生体验不同教材中的乐趣，从中认识体育运动的本质，体验运动的特点，增加体育教学的深度。

自快乐式体育教学模式引入我国后，国内的一些城市和地区陆续尝试进行快乐式教学，并进行探索与研究。我国的一些专家和学者认为，运动是快乐式体育教学的基本手段，通过运用科学合理的教学方法，在发展学生身体的前提下使学生从中得到理性的快乐体验，即以快乐心理体验为直接目标的体育课程教学。这样可以大大提高学生的体育学习兴趣，使学生养成参与锻炼的习惯。此外，在体育教师的指导下，学生可以做到“乐中学，学中乐”，强调学生的学习兴趣和成功体验。整个教学过程是从体验发现到挑战学习，再到总结创造，强调不仅要体验运动的乐趣，还包括交流、创造、挑战等很多方面的心理体验。

快乐式体育是站在学生的角度来进行体育教学的，根据学生的实际需要，以学生为主体，重视学生的学习和体验，并以有利于学生的发展作为主要目标。在具体的体育实践中，获得运动技能和体验运动乐趣，既是学生通过体育活动获得的结果，又是体育教师所追求的目标，在体育课程教学实施中，学生希望能够获得运动和快乐的双重回报，而体育教师则能够为学生的发展指明方向。

1. 指导思想

随着新课程改革的不断深入，新课程标准具有明显的改变，不仅从学生的角度出发，站在学生的立场，还重新审视了学校体育的价值问题，对新的课程目标进行了全面而具体的描述，对学生的终身体育意识的培养和健康生活方式、态度的形成更加重视，让学生在体育运动技能的学习过程中体会到运动的乐趣，并以此来培养学生终身体育意识，这是快乐式体育教学模式的指导思想。

2. 优点与缺点

（1）优点

快乐式体育教学模式可以在降低要求的情况下增加练习的时间，从而发展技能学习。此外，这一模式也非常注重感情因素和情感体验，从而极大地改变了教学现状，这也是运用快乐式体育教学模式的原因之一。

（2）缺点

由于快乐体育教学模式学习内容相对单调，因此学生的学习兴趣会受到一定程度的影响，难以保持良好的兴趣。这就要求体育教师不断改变组织形式，灵活使用各种教学方法，从而满足学生对体育活动的需要和持续性兴趣。

三、学校体育课程的教学设计

（一）学校体育课程教学设计的概念

关于教学设计的概念，目前学术界对教学设计的定义还没有达成一个共识。不过一些学者的研究使得教学设计获得了下列几种描述。

（1）国外学者对教学设计概念的描述。学者布里格斯认为，教学设计是“分析学习需要和目标以形成民族学习需要的传送系统的全过程”；加涅则认为，“教学设计是一个系统化地规划教学系统的过程”；瑞达·瑞奇则认为，教学设计是“为了便于学习各种大小不同的学科单元而对学习情境的发展、评价和保持进行详细规划的科学”。

（2）我国学者对教学设计概念的描述。在我国，关于教学设计的概念描述主要有两种观点：一种观点将教学设计看作为了达到一定的教学目的，对教什么（课程、内容等）和怎么教（组织、方法等）进行设计的过程；另一种观点则认为，教学设计是以获得优化的教学效果为目的，以学习理论、教学理论和传播理论为理论基础，运用系统方法分析教学问题、确定教学目标、建立解决教学问题的策略方案、试行解决方案、评价试行结果和修改解决方案的过程。

综上所述，教学设计是在进行教学活动之前，由教学执行者（通常为教育管理部门）根据教学目标的要求，运用系统方法对教学活动要素进行分析和策划的过程。

结合教学设计的概念，我们可以将体育教学设计定义为：体育教学设计是指教学管理部门在体育教学活动之前，以系统的思想和科学的方法为指导，结合与体育课程有关学科以及体育教学特点，制订的科学、切实可行的体育教学实践操作方案。

（二）学校体育课程教学设计的特点

与一般教学设计不同，体育课程教学设计的特点主要体现在以下几个方面。

1. 超前性

体育课程教学设计的超前性，即体育课程教学设计要在体育课程教学开始前完成，有些甚至要早早完成设计环节的多项工作，此后有专门部门对设计成果进行评估。因此，体育课程教学设计是一种对教学活动中可能出现的一切问题和情况进行的预测。

在体育课程教学实践中，“体育课程教学设计在前，体育课程教学在后”，也就是说，体育教师应该在上体育课前先设计出该体育课程教学方案。从本质上讲，体育课程教学设计只是体育课程教学活动的一种设想和预测，它是对即将进行的体育课程教学中可能产生的问题进行分析，并根据体育教育、教学理论和学生的学习需求针对教学活动中可能发生的问题提出解决方法的一种构想，是体育教师在进行体育课程教学之前对其所做的安排或策划。因此，体育课程教学设计具有一定的超前性。

2. 差距性

体育课程教学的内容比较丰富，涵盖的要素众多，在教学活动开始后，无论是课时教学还是周教学、月教学、学期教学都会与先前计划的内容有所偏离。事实上，体育教学设计本身就是一种对未来教学实施方案的构想，它依据多种可能的要素预估而成，体育课程教学的“变数”使得体育课程教学设计难免会与体育课程教学实践之间存在一定的差距。

体育教师要在课程教学中根据实际教学情况不断对教学计划进行调整和弥补，主要表现在以下两个方面：一方面，体育课程教学设计是以体育与健康课程理念为基础，以学生的体育学习需要为基础，对体育课程教学实施具有重要的指导意义；另一方面，体育课程教学过程的复杂性和多变性使得在实际的教学过程中很可能会出现各种问题，教师在体育课程教学设计中有可能没有考虑周全，体育课程教学设计者对体育课程教学中可能出现的问题的理解、对现有条件的分析、所采取的解决问题的方法等不能全面概括教学实践。

3．创造性

现代学校体育教学目标的多元化、体育教材的多功能性、体育教学方法和手段的多样性以及这些要素之间复杂的关系，决定了体育课程教学过程具有复杂性和不确定性的特点。因此，现代学校体育课程教学是动态的、非线性的、复杂的，体育教师在教学活动之前想完全控制和使之按照既定的计划发生、发展是不现实的。尽管体育课程教学设计要依据现有实际情况进行，但是为了体育课程教学发展的需要，在进行课程教学设计的过程中还要有意识地做出一些富有创造性的设计。

现代学校体育教学设计认为，体育课程教学拥有一定的变化特性并非缺点，这与体育课程教学的本质相关联，为体育课程教学设计提供了创造性地设计教学的开放空间。

（三）学校体育课程教学设计的原则

1．目标导向性原则

目标性导向原则是指体育课程教学设计必须要紧扣体育课程教学目标，所有教学环节的设计都以目标为导向，体育课程教学设计方案要保证实施过程的教学行为与目标保持一致。

在体育课程教学中，体育课程教学目标是由体育与健康课程目标所决定的。体育课程教学的目的就是帮助学生如何从起始状态达到目标状态。因此，体育课程教学设计的每一个环节、每一个步骤都要考虑对教学目标的实现的功能和效果。体育课程教学设计就是一个通过解决问题以实现体育教学目标的准备过程。

2. 整体优化原则

整体优化原则是指在进行体育课程教学设计时,要在对体育课程教学各因素优化设计的基础上,处理好体育课程教学系统内部各子系统之间的关系,将各因素加以科学整合,充分发挥体育课程教学的整体功能,以达到最优化的教学效果。

在体育课程教学设计的过程中要把握好整体优化性原则,将体育课程教学系统的每一个要素、环节等都置于系统的整体设计之中,从而设计出最优的体育课程教学方案。

3. 可操作性原则

可操作性原则要求体育课程教学设计方案实用、高效。体育课程教学设计只有具备了可操作性的特点,才能更好地提高体育课程教学的效率。

在制订体育课程教学设计方案时要把握好可操作性的原则,不能生搬硬套案例和模式,要认真分析具体的教学背景和实际,制订出切合自己学校及班级特点的教学目标,内容安排应与现有教学条件相适应。

4. 系统性原则

系统性原则是指体育课程教学设计的整个过程要贯彻系统论的思想,使其成为一个有机统一的整体。具体来说,在体育课程教学设计的过程中,要学会用系统的理论分析问题,从整体的角度出发,对体育课堂活动中的各要素进行分析,制订出多个体育课程教学的方案,加以比较,从中选出最优方案指导教学实践。

5. 灵活性原则

灵活性原则要求体育课程教学设计符合体育课程教学的发展,灵活多变。遵循灵活性教学设计原则有以下三方面的原因:

首先，体育课程教学活动受外界环境的影响较大，要根据实际情况做出适当的调整；其次，体育课程教学过程中师生、学生之间人际交往复杂，角色不断发生变化；最后，在体育课程教学活动中，学生的身体、心理是在不断发展和变化的，体育课程教学设计方案也应根据实际情况做出适当调整。

6. 趣味性原则

体育课程教学过程的趣味性要求体育课程教学设计必须体现出趣味性。在体育课程教学过程中，影响学生学习的因素不仅指智力因素，还指非智力因素，如动机、兴趣、情感和态度等。同时，体育课程教学内容大多起源于各种游戏。因此，在进行体育教学设计时，要把握好趣味性的原则，做好以下工作。首先，应充分了解学生的兴趣，根据学生的不同兴趣及要求，合理安排体育课程教学的内容。其次，体育课程教学方案要包含创新的教学手段和方法，对一些枯燥和技能性较强的内容进行适当加工、改造以满足学生的需要。要认真分析体育课程教学内容的特性，教学方案设计要适合学生身体和机能情况。

7. 简明性原则

简明性原则是指体育课程教学设计过程与方法应该是简便易行的。很多人认为教学设计是一项非常复杂的教学技术，使用起来也不方便，一线体育教师没有能力与精力顺利完成教学设计。实质上，教学设计重要的作用之一就是提高教学的效率与效果。因此，体育课程教学设计是一项指导教师教学的简明技术、手段，它不应该给教师增加额外的负担，要易于掌握，使用起来简单明了，有利于学校体育课程教学指导工作的实现。

8. 创新性原则

创新性原则是指在体育课程教学设计中体育课程教学理念、教学内容、教学方法和策略等方面对常规或传统体育课程教学有所突破或超越。体育课程教学设计的创新能有效地挖掘教学资源和提高教学效率，从而实现体育课程教学的低耗高效。体育课程教学设计的创新可为学生创新意识和创造能力的发展营造氛围、设计空间。

（四）新课标下学校体育课程教学设计的优化

1. 以“以人为本”为设计核心

“以人为本”是体育课程教学的重要原则之一。传统体育课程教学过于注重传授体育知识或技能的教学设计，课堂教学显得简单粗暴，是一种“重教轻育”的行为。而在对素质教育的重新定义后，体育育人的关键在于“育”，而学习运动技术或知识只是育人的一个载体。

2. 以“终身体育”为设计宗旨

“终身体育”是现代体育课程教学的目标之一，这一目标也符合素质教育的要求。因此，在体育课程教学设计中要将“终身体育”的培养理念融入进来，最终通过向学生传授体育知识、运功技巧、技能以及方法等教学行为使学生清楚地认识到健康的重要意义，养成良好的体育锻炼习惯，并将其融入日常生活中。

3. 注重对学习环境的构建

学习环境是开展教学活动的另类载体。学习环境包括有形的体育教学场地、体育器材等和无形的体育教学环境如体育教学软实力、教学氛围以及校园体育文化等。知识和技能的获得需要在个体运用知识和技能的“情境”中得到，为了获得所需知识或技能，需要为这一目标特别创建与之相适应的环境。

4. 探索并应用新教育技术

多媒体教室的建立以及将便携的多媒体终端带到各种教学场所，展现了现代教育技术在实践中较强的适应能力。这些技术为体育课程教学工作注入了新的活力。因此,要重视研究多媒体在体育课程教学中的应用,研究适合体育运动特点的多媒体软件,设计出生动形象的画面并运用于教学实践中,从而不断提高体育课程教学的质量。

第三节 学校体育课程实施环境研究

一、体育课程教学环境

教学环境是一种特殊的环境,它是学校教学活动所必需的诸多客观条件和力量的总和。教学环境是教学活动中的重要因素,体育课程教学同样要讲究环境,体育课程教学环境是体育课程教学活动中的一个重要因素。总地来说,体育课程教学环境是学校实现体育课程教学活动所必需的多种客观条件的综合,它是按照体育课程教学活动中人的身心发展的特殊需要而组织起来的环境。体育课程教学环境是学校体育环境的组成部分,也是学校体育课程教学的重要影响因素。

二、体育课程教学环境的特点

(一) 规范性

体育课程教学环境是根据全面促进人的身心发展这一需要和国家的教育方针、学校的培养目标而设计、建设和组织起来的。体育课程教学环境肩负着育人的重任,因此环境建设的各个方面都必须符合育人的规范和要求。

(二) 调控性

与其他一些自发形成的环境或自然环境相比,体育课程教学环境具有易于调节控制的特点。人们可以根据体育课程教学活动的目的和需要,不断对体育课程教学环境进行必要的调节和控制，发挥其对学生身心发展具有积极影响的因素，消除消极影响因素，使体育课程教学环境向着有利于体育课程教学活动顺利进行的方向发展。

（三）净化性

学校是培养人才的地方，有高素质的师资队伍，有国家教育政策和方针的规范指导以及比较稳定的课程体系，教学环境的主客体因素是在追求真理、掌握知识、发展身心这样一些共同的目标下组织在一起的，各种环境因素并不能随意进入教学活动，都要经过一定的选择、净化、提炼和加工等纯化处理。

（四）教育性

体育课程教学环境是进行体育学习的平台，它是体育课程教学活动得以进行的物质依托和舞台，同时构成体育课程教学环境的各种环境因素本身具有教育意义。正因为体育课程教学环境是一个培养人才的场所，所以在构建体育课程教学环境时，对它的教育功能的需要已超越对物质功能的需要，这也是体育课程教学环境相异于其他环境的一个主要特征。

三、体育课程教学环境的功能

（一）指导功能

方向和目标是人们行动的指南，也是行动的动力。体育课程教学环境的指导功能是指体育课程教学环境可以通过自身各种环境因素集中一致作用，引导学生主动接受一定的价值观和行为准则，使他们向着社会所期望的方向发展。如前所述，体育课程教学环境是按照人的身心发展的特殊需要和国家教育方针、学校培养目标的具体要求组织起来的育人场所，它集中体现了社会主流文化的精神和价值取向，体现了国家和社会对下一代成长发展的期望。这些要求和期望渗透在学校的各种环境因素中，形成一种具有教育和启示意义的教育资源，引导着学生的思想，规范着学生的行为，塑造着学生的人格。体育课程教学环境可以通过自身各种因素的综合作用，对学生起到引导的作用，帮助学生培养体育学习的兴趣，养成锻炼身体的习惯，并自觉抵制不良行为，形成文明健康、积极向上的生活方式。

（二）陶冶功能

体育课程教学环境的陶冶功能，是指良好的体育课程教学环境可以陶冶学生的情操，净化他们的心灵，使他们形成高尚的道德品质和行为习惯。学生个体的思想信念、道德情操和行为习惯是在一定的社会环境中形成的。实践证明，整洁文明的校园，和谐、文明、积极向上的体育教学环境，可陶冶学生的情操，为培养学生良好的思想品德创造良好的条件。体育课程教学环境对人的教育作用不是强行灌输的，而是在体育课程教学中结合生动形象和美好的环境，通过有形的、无形的或物质的、精神的多种环境因素的综合作用，使学生在潜移默化中受到熏陶和感化。

第四节 学校体育课程实施效果研究

一、合理实现体育有效教学

（一）体育有效教学

有效教学指的是在特定环境和条件下，教师以课程为中介，通过有效的教与学以及教与学的交流互动来促进预期课程教学目标实现，促进学生学习与发展的实践活动。达成课程目标与教学目标是有效教学的核心，教得有效与学得积极是有效教学的主要表现形式。这样的教学不但是有效率、有效果和有效益的，而且能够有效促进学生的学习与发展。

教学效果的好坏对教学目标达成的程度有直接影响，我们追求的理想教学是能够顺利达成预期目标或超越预期目标，能够实现预期目标增值的教学。教师在课堂教学中有一个共同追求的目标，即实现有效教学。

（二）实现有效教学的最优化效果

1. 确立优化控制方案

无论是一轮体育教学还是一堂体育教学课，都有明确的教学目标和任务，我们要以目的和任务的要求为依据，在教学过程中对相应的教学内容和相关的练习方法、手段等进行选择与运用。一般是借助模糊相关的计算方法将相应内容和相关方法、手段与教学目的和任务的符合程度计算出来，以此对最佳的教学方案进行确定。

2. 正确运用现代教学技术

在运动场上进行体育课堂教学时，一般有很多干扰因素，教师在示范、讲解体育运动时，学生可能会看不明白或听不清楚，因为学生性别、年龄、体力等因素的影响，教师很难示范一些难度动作，更有一些动作不仅结构复杂，需瞬间完成，而且不能在空中停留或放慢速度，对于这类动作，教师很难边示范边讲解，如果在示范后进行讲解，学生很难有效接收信息。所以，在体育课堂教学中，虽然教师讲解与示范的次数很多，但仍有很多学生不清楚动作的变化和动作的细节及要领。

面对上述问题，可将现代教学技术运用在体育教学中，如利用视频教学，将上述动作用慢镜头或用"定格"方式展现在学生面前，这样教师就能够对各分解动作的要领进行仔细讲解了。例如，在跳高动作教学中，教师可以先让学生观看优秀运动员的跳高录像，提高学生的兴趣与积极性，调动学生的热情，再将跳高的助跑、起跳、腾空、落地等环节的慢动作放给学生看，同时进行讲解，这样学生既能够领略标准跳高动作，又能够接收教师的关键信息，从而取得良好的教学效果。

3. 提高体育课堂教学技能

体育课堂教学活动组织技能有很多，贯彻课堂常规技能、运用场地器械技能、实施活动分组技能、调动队列队形技能等是体育教师在体育课堂教学活动中需要掌握的基本组织技能。

二、恰当实施教学质量监控

（一）体育教学质量

根据体育课程标准的要求，通过体育教学，学生要达到如下水平。

(1) 增强体能，掌握和应用基本的体育与健康知识和运动技能。

(2) 良好的心理品质，体现出优秀的人际交往能力与合作精神。

(3) 培养运动的兴趣和爱好，养成坚持锻炼的习惯。

(4) 提升对健康的责任感，养成健康的生活方式。

(5) 发扬体育精神，形成积极的生活态度。

从课程标准的相关要求可以看出，体育教学的最终目的就是把学生培养成为身心全面、和谐健康发展的优秀青少年。因此，学生达到上述要求的水平越高，说明教师的教学质量越高；学生离上述要求标准越远，说明教学质量越低。

（二）体育教学质量监控的原则

1. 科学性原则

在体育教学质量监控工作中，要始终坚持实事求是的原则，从体育教学的实际情况出发，采取科学方法获得数据，并对数据进行全面、系统的整理与分析。除此之外，还要遵循教育和管理活动的相关规律，对教学质量监控中所遇到的问题进行剖析，从而进一步解决问题。

2. 民主性原则

在体育教学质量监控中，民主性原则主要针对监控人员和被监控人员之间的关系而言。在质量监控的过程中，监控人员与被监控人员要互相尊重、互相帮助、团结协作。

总体来看，和谐、民主的氛围是监控活动收到良好效果的保证。

3. 促进性原则

从体育教学质量监控活动的起点和终点来看，进行监控的初衷是进一步促进监控对象的工作与生产效率。

促进性原则要求监控对象及时、有效地解决监控人员在监控过程中发现的问题，并在解决问题后进行深刻总结，将其归纳到教学管理中，避免类似问题再出现，提高教学质量。

第六章　新课标下学校体育课程评价体系的建设与发展研究

体育教学评价是体育教学体系中一个十分重要的环节，是在深刻分析体育教学目标、教学重点、教学难点的基础上，对体育教学过程、教学效果进行的全面、系统的调查和评价，以期在体育教学中能够及时查漏补缺，改进和优化教学效果，顺利达成体育教学目标。本章主要研究新课标下学校体育课程评价体系的建设与发展。

第一节　体育教学评价的基本理论

体育教学评价指的是以一定的体育教学目标及其有关标准为依据，系统调查整个体育教学过程，并对其价值和优缺点进行评定，以求改进的过程。对于体育课程而言，体育课程教学评价是以学生体育教学为对象，按照一定的教学目标，采取合理的评价方法，根据相关的评价标准对体育教学过程与体育教学成果进行价值方面的判断，为改进教学方法、提高教学质量提供相应依据，最终促进学生全面发展。

一、体育教学评价的视角与分类

（一）体育教学评价的视角

从不同角度出发，体育教学评价有不同的视角，具体见表6-1。

表 6-1　　体育教学评价的视角

评价方面	评价视角
评价目标	身体健康评价
	心理健康评价
	运动参与评价
	运动技能评价
	社会适应评价
评价主体	教师对学生的评价
	教师之间的评价
	学生的自我评价
评价内容	过程评价
	结果评价
评价方式	定量评价
	定性评价
评价方法	书面测验
	运动技能评定
	运动成绩测试与评定等

进行体育教学评价，必须从多视角出发，采用多种评价方式，以更好地为学生的全面发展服务（图 6-1）。

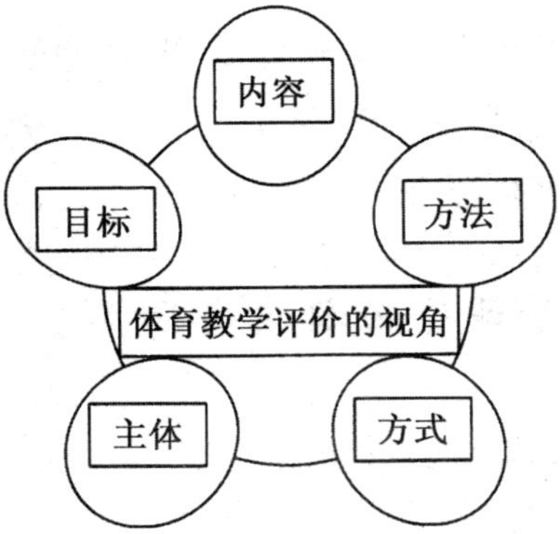

图 6-1　体育教学评价的视角

（二）体育教学评价的分类

在体育教学评价中，一般会涉及六个基本问题，分别是“为什么评”“谁评”“何时评”“评什么”“怎么评”和“以什么态度评”，这也是体育教学评价的结构要素。从这些要素出发，可以将体育教学评价划分为不同的类型，具体类型见表6-2。

表6-2 体育教学评价的分类

分类依据	类型
为什么评	选拔性体育教学评价
	甄别性体育教学评价
	激励性体育教学评价
	发展性体育教学评价
谁评	学生评价
	教师评价
	其他人员的评价
何时评	诊断性评价
	过程性评价
	总结性评价
评什么	教师对学生学习过程的评价
	教师对学生学习结果的评价
	学生自我评价
	学生互评
	学生对教师教授的评课活动
	学生对教师的随时反馈性评价
	教师自我评价
	教师互评
	教师对教学管理的评价
	学生对教学管理的评价

续表 6-2

分类依据	类型
怎么评	绝对评价
	相对评价
	个体差异评价
以什么态度评	表扬为主评价
	无劣评价

体育教学评价的结构与内容如图 6-2 所示。

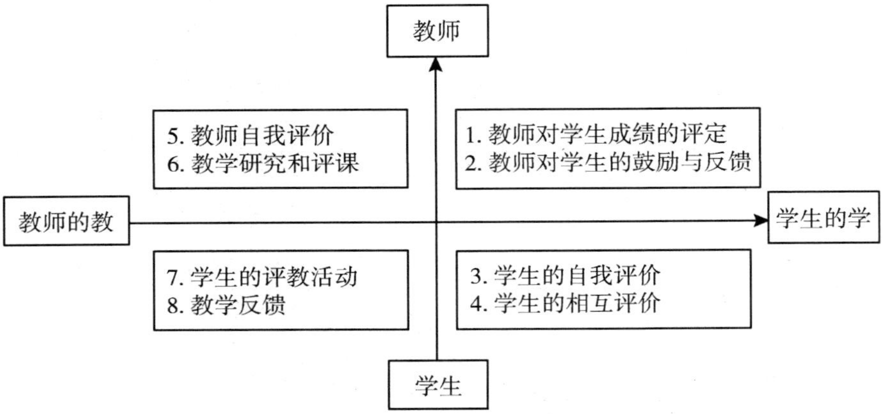

图 6-2　体育教学评价的结构与内容

二、体育教学评价的原则

（一）兼顾多重教学目标

一般可以将体育教学的目标分为三个方面，分别是知识方面的目标、情感方面的目标和技能方面的目标，在体育教学评价中必须将这三个方面的目标全面考虑进去。此外，体育教学目标有不同的层次，在体育教学评价中应评价每一层次的目标。例如，知识方面的目标可以分为六个层次，分别是知识、理解、应用、分析、综合和评鉴，因此在对知识教学结果进行评价时，不能只偏重评价其中的某一层次，而不评价其他层次，评价要兼顾多方面、多层次的目标，要对多元的目标要素加以考虑，从而提高评价的完整性与科学性。

（二）多次评价

体育教学评价的目的主要是促进体育教学目标的达成，对体育教学水平进行改善，促进学生学习效果的提高。为了促进体育教学目标的顺利达成，必须进行科学评价，确保评价信息的准确性和评价结果的真实性，这是实现教学目标的主要决定性因素。而只有多次评价同一评价对象的样本行为，才能保证获得正确的评价结果。如果只进行一次评价，难以保证评价结果没有误差，评价结果的信度和效度都比较低。多次评价可以减少误差，使评价结果的平均数与真实的结果更加接近，最终获得准确度高、可信度高的评价结果。为了获得正确的评价结果，有必要进行多次重复的评价。

（三）承认学生个体差异

在体育教学发展中，学生居于主体地位。受遗传因素、生存环境及自身努力程度等因素的影响，每位学生都会在发展过程中表现出与其他学生的不同之处，这是客观现象。鉴于不同学生间存在的差异，应在体育教学评价中制订不同的评价标准，包括以下几点。

第一，针对不同年级的学生制订不同的评价标准。

第二，针对同一年级不同班级学生制订不同的评价标准。

第三，针对同一班级不同学生制订不同的评价标准。

只有针对学生个体差异制订不同标准进行评价，才能达到体育教学评价的目标，才有利于对不同学生的潜能进行挖掘，激励每位学生进步，使所有学生都能够在自己原来的基础上获得新的发展。

（四）正确运用评价结果

将体育教学评价结果充分利用起来能够有效改进体育教学效果，体育教师应在完成体育教学评价后，以体育教学目标或教学内容为依据对学生的学习方法以及兴趣爱好进行分析，对学生学习的优点有所了解，以便有目标、有针对性地对学习辅导策略进行制订，从而提高学生的学习效果。

在体育教学评价中，体育教师应以鼓励式评价为主，使学生充分认识自己的优势，增加学生的自信，使他们保持良好的学习习惯。教师鼓励学生体现了教师对学生的信任，这样教师也能够获得学生的信任。教师应善于观察学生，发现学生的潜能与优势，不吝夸赞学生。在体育教学评价中，教师要认真、真诚地评价每一位学生，使每一位学生都感觉到自己是被在乎的，是受重视的，教师只有充分肯定学生的优点与进步，才能将学生学习的积极性充分调动起来，才能在体育教学中获得学生的积极配合，进而提高教学效率。

三、体育教学评价的意义

（一）调动教和学的积极性

体育教学评价能使体育师生双方及时了解自己教学和学习的成果，并引导他们积极进行自我评价，从而强化学生的学习动机，使师生及时发现问题，改进教学工作和学习方法，全面解决问题，获得良好的“教”与“学”的效果。

（二）促进教学过程的科学化和最优化

体育教学过程的科学化是指遵循体育教学规律设计教学。定期对体育教学情况进行检查和评价，能够有效反映出哪些做法符合教学规律，哪些做法是违背教学规律的，可以反馈体育教学达到预期目标的程度。按体育教学过程最优化的原则规范体育教学过程，有利于调整教学过程，促进教学过程科学化和最优化。

（三）提高教学质量

体育教学评价的根本要求是以体育教学目标为依据，对体育教学进行全面检查，并予以价值上的判断。体育教学评价是端正体育教学思想、改革体育教学方法、提高体育教学质量的重要保证。对体育教学进行评价，根本目的不在于区分学生体育成绩的等级差别，而在于测评每位学生的“一般发展”的程度，即体育教学目标的达成程度。

第二节　体育教学评价的组织与实施

体育教学是在不断变革的过程中逐步实现发展的，在这一变革过程中，人们对体育教学评价的有关问题逐渐予以了高度的关注与重视。体育教学评价的指标体系、方法与模式随着新课程的改革不断增加与完善，评价软件也得到了广泛使用，这充分表明体育教学评价正在向科学化、精确化与系统化的方向不断发展。然而，对体育教学评价的指标与方法的研究不能仅仅停留在理论层面，更要从实践层面来加强对这些评价指标与方案的运用，这样才能促进体育教学评价实践价值的增强。

一、体育教学评价的组织

（一）建立体育教学评价指标

近年来，体育教学评价指标体系的制订与完善得到了体育教师及相关人员的重视，但现存的指标体系仍存在一些不足，如评价指标复杂繁多、不易于操作或操作成本较高等。所以，要规范与落实体育教学评价，首先要科学建立体育教学评价指标，改革与完善体育教学评价指标体系，一方面，要从理论层面加强对体育教学评价体系的深入研究；另一方面，要从实践层面对体育教学评价进行科学改革。科学建立体育教学指标具体包括初步拟定指标、筛选拟定指标、权衡指标分量、确定评价标准等几个步骤，合理落实每个步骤有助于体育教学评价指标体系的科学化建立。

（二）注重体育课堂教学质量

体育教学主要以课堂教学为主，体育课堂教学的质量在一定程度上反映了体育教学的整体水平。

在体育课堂教学评价的研究中，提出了一些具有建设性的建议并积累了丰富的经验。但这些建议操作起来有一定的难度，而且积累的经验也不能完全借鉴到之后的研究中。体育课堂教学评价主体在多方面都存在差异，要用量化标准对课堂教学质量做出定量评价有相当的难度，所以体育课堂教学的实际情况也很难在评价中得到真实反映。要重视体育课堂教学质量的评价，要深入研究科学、合理且可操作性强的课堂体育教学评价方法，切实提高体育课堂教学质量。

（三）发挥体育教学评价的反馈与指导功能

反馈功能与指导功能是体育教学评价的两个基本功能。在体育教学评价中，评价主体除了要考虑体育教学评价的相关因素之外，还要综合考虑体育教学的相关要素，从而使评价更好地为提高体育教学水平而服务。在体育教学评价环节，首先要制订评价的具体目标，为体育教学评价工作的开展提供方向。体育教学评价效果是否合理，要看其是否实现了预期的评价目标。体育教学评价一般会出现如下两种结果。

第一，体育教学评价的结果良好，说明制订的体育教学目标较为合理。

第二，体育教学评价没有取得理想的评价结果，这就说明教学目标与教学准备工作不合理，需要有针对性地对体育教学工作的各个环节进行调节。

(四) 分别建立"教"的评价体系与"学"的评价体系

体育教学是师生之间互动的特殊活动，所以体育教学评价工作要从"教"和"学"两方面展开，搞好教学评价与学习评价。当前，针对学生学习评价的研究比较全面，针对教师教学评价的研究相对片面，主要以教师的课堂教学评价为主。从这一点来看，要全面实现体育教学的评价目标是比较困难的。鉴于此，有关专家与学者要对教师的教学评价与学生的学习评价进行全面深入的研究，分别建立体育教师"教"的评价体系与学生"学"的评价体系，从全面性、科学性两方面来提高体育教学评价的质量。

二、体育教学评价的实施

(一) 设计体育课堂教学评价

体育课堂教学是体育教学的重要组织形式，也是体育教学的主体内容，在设计体育课堂教学评价时，应注意从以下几方面进行。

1. 体育课堂教学内容的评价

(1) 对教学内容绩效性的评价(评价教师)。
(2) 对学习绩效性的评价(评价学生)。

2. 体育课堂教学组织的评价

(1) 准备阶段的组织评价。
(2) 基本阶段的组织评价。
(3) 结束阶段的组织评价。

3. 体育课堂教学负荷的评价

(1) 学生身体负荷的评价。

(2) 学生心理负荷的评价。

(二) 实施过程中充分利用体育课堂教学评价量表

1. 体育课教学内容评价量表

体育课教学内容评价量表见表6-3。

表6-3　体育课教学内容评价量表

<table>
<tr><th></th><th>分类</th><th>评价内容</th><th colspan="4">评价标准</th><th>得分</th><th>备注</th></tr>
<tr><td rowspan="6">教学能力(35分)</td><td>教学准备(6分)</td><td>任务明确
教学步骤合理
场地器材妥当</td><td>好(6分)</td><td>较好(5分)</td><td>一般(4分)</td><td>差(3分)</td><td></td><td></td></tr>
<tr><td>教学方法(8分)</td><td>教学方法恰当
与教材需要相符
与学习需要相符</td><td>好(8分)</td><td>较好(7分)</td><td>一般(6分)</td><td>差(5分)</td><td></td><td></td></tr>
<tr><td>教学组织(6分)</td><td>组织形式合理
教学结构合理
教学程序合理</td><td>好(6分)</td><td>较好(5分)</td><td>一般(4分)</td><td>差(3分)</td><td></td><td></td></tr>
<tr><td>教态仪表(5分)</td><td>着装整齐
仪态大方
与教学需要相符</td><td>好(5分)</td><td>较好(4分)</td><td>一般(3分)</td><td>差(2分)</td><td></td><td></td></tr>
<tr><td>教学辅导(5分)</td><td>及时提供保护帮助
因材施教
辅导有效</td><td>好(5分)</td><td>较好(4分)</td><td>一般(3分)</td><td>差(2分)</td><td></td><td></td></tr>
<tr><td>思想教育(5分)</td><td>教师发挥主导作用
以教材属性为根据
进行教育</td><td>好(5分)</td><td>较好(4分)</td><td>一般(3分)</td><td>差(2分)</td><td></td><td></td></tr>
</table>

续表 6-3

	分类	评价内容	评价标准				得分	备注
"三基"完成程度(20分)	新授教材(10分)	1/3学生可以较好掌握 1/3学生基本掌握 1/3学生没有完全掌握	好(10分)	较好(9分)	一般(8分)	差(7分)		
	复习教材(10分)	2/3学生能较好应用 1/3学生可以基本应用	好(10分)	较好(9分)	一般(8分)	差(7分)		
学生上课表现(15分)	学习态度(6分)	积极主动学习 讲纪律、听指挥	好(6分)	较好(5分)	一般(4分)	差(3分)		
	意志情绪(5分)	情绪活跃 不怕困难 努力学习	好(5分)	较好(4分)	一般(3分)	差(2分)		
	师生关系(4分)	师生之间互动 学生之间互动 合作学习	好(4分)	较好(3分)	一般(2分)	差(1分)		
生理指标(30分)	平均心率(8分)	以课的性质为依据对心率指数进行确定	好(8分)	较好(7分)	一般(6分)	差(5分)		
	强度指数(8分)	以课的性质为依据对强度指数进行确定	好(8分)	较好(7分)	一般(6分)	差(5分)		
	课的心理曲线(6分)	以课的性质为依据对心理曲线进行确定，有马鞍形、锯齿形、后山峰形等几种类型	好(6分)	较好(5分)	一般(4分)	差(3分)		
	练习密度(8分)	以课的性质为依据对练习密度进行确定	好(8分)	较好(7分)	一般(6分)	差(5分)		
加分	教学创新							
减分	超时或出现伤害事故							

体育课教学评价等级标准见表 6-4。

表 6-4　　体育课教学评价等级标准

分数	等级
90～100 分	优秀
80～89 分	良好
70～79 分	一般
60～69 分	及格
59 分及以下	不合格

2. 体育课教学质量评价量表

体育课教学质量评价量表见表 6-5。

表 6-5　　体育课教学质量评价量表

评价指标		评价内容	评价等级				加权系数(100)	加权分
			优 1.0	良 0.8	中 0.6	差 0.4		
教学准备(15%)	课前准备	提前 15 分钟到教学场地 器械已准备好 场地布局合理 环境美观					5	
	教案编写	书写工整规范 明确了教学目的任务 与学生实际相符 合理编排内容、方法、程序、时间					10	
教学过程(55%)	教学组织	合理设计教学组织 合理设计学习组织					15	
	教学方法	合理运用教学方法 与教学需要相符 与学习需要相符					15	
	练习密度	练习密度与课的性质相符 练习密度与学习结构特点相符 练习密度与教学组织特点相符					10	

续表 6-5

评价指标		评价内容	评价等级				加权系数（100）	加权分
			优 1.0	良 0.8	中 0.6	差 0.4		
教学过程（55%）	生理负荷	生理负荷与课的性质相符 生理负荷与学习结构特点相符 生理负荷与教学组织特点相符					6	
	心理负荷	心理负荷与课的性质相符 心理负荷与学习结构特点相符 心理负荷与教学组织特点相符					5	
	教学创新	教学内容搭配练习方法和手段有创意，并能吸取本学科的先进理论、技术与方法，有前沿科研成果加以传授，收到良好效果。					4	
教学效果（30%）	技能掌握	新授技术完成率≥75%以上 复习技术完成率≥85%					12	
	健身意识	学生主动参与锻炼					10	
	思想教育	在教学中实施思想品德教育					8	

3. 学生学习质量评价量表

学生学习质量评价量表见表 6-6。

表 6-6　　学生学习质量评价量表

1. 你认为今天体育课上哪个部分老师教得好？哪个部分老师教得不好？
2. 今天体育课的组织形式你喜欢吗？
3. 今天体育课上老师讲的内容你听懂了吗？
4. 今天体育课上老师做的动作是否优美？
5. 今天体育课上老师所教的动作你是否学会了？
6. 在今天的体育学习中你是否与同学建立了合作关系？
7. 当你在学习中遇到问题时，是否有老师辅导你？
8. 在今天的体育课上你和同学们出汗了吗？
9. 今天的体育课上同学们是否学得很高兴？
10. 这个老师教的体育课你喜欢吗？

答案为肯定打"√",否定打"×",每题 10 分,评分标准见表 6-7。

表 6-7　　学生学习质量评价标准

分数	等级
90～100 分	优秀
80～89 分	良好
70～79 分	合格
69 及以下	不合格

在体育课堂教学评价中,为了评价的方便与直观,通常会采取表格的形式进行评价分析,见表 6-8、表 6-9、表 6-10、表 6-11。

表 6-8　　体育教师课堂教学质量评定表

评定内容	得分
听课专家评定(25%)	
听课教师评定(25%)	
学生评定(40%)	
自我评定(10%)	
总分	

表 6-9　　体育教师课堂教学行为评定记录表

1. 体育教学组织、结构的清晰度
2. 教学技巧、讲解示范和指导能力
3. 体育教师与学生交流互动的频繁度
4. 总评定
教学能力(优、良、差三个等级,下同)
知识储备水平
专业技能水平

表 6-10　　体育教师课堂教学评定内容举例

评价维度	评价内容	评价等级			
		优	良	一般	差
教学目标(0.15)					
教学内容(0.2)					
步骤方法(0.3)					
教师素养(0.15)					
学生学习(0.2)					

表 6-11　　体育课堂教学学生抽样评定记录表

评定内容 / 等级	非常好 ($r1=0.5$)	较好 ($r1=0.4$)	同意 ($r1=0.3$)	不同意 ($r1=0.20$)	总分

除上述表格外，在体育与健康课程评价中，还会采用图片的形式来设计评价，如体育与健康课程学习成绩评价的设计如图 6-3 所示。

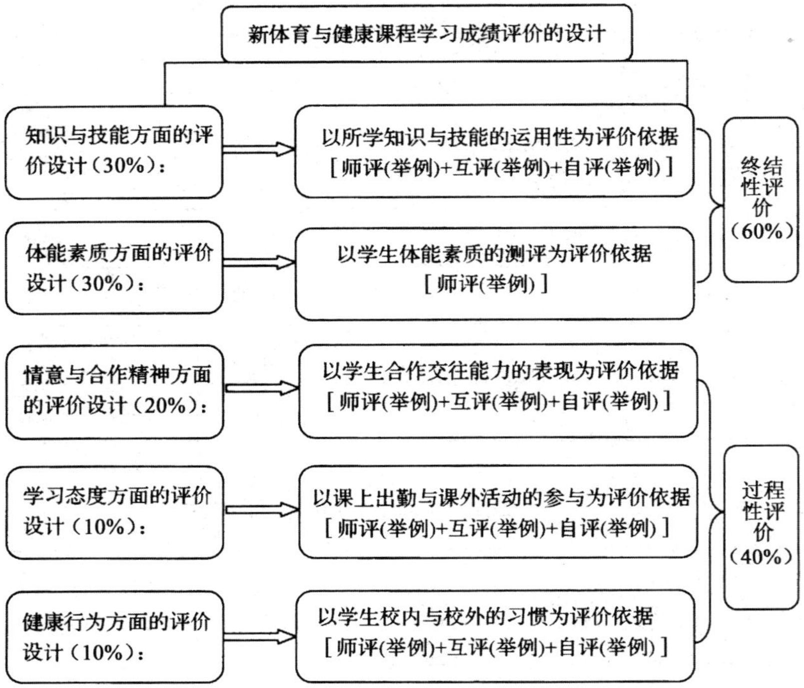

图 6-3　体育与健康课程学习成绩评价的设计

第三节　体育教师教学评价

一、体育教师教学评价内容

体育教师是直接参与和实施体育教学工作的主体，其对体育教学的质量和效果具有决定性影响。因此，要科学评价体育教师的教学情况，以充分发挥体育教师的作用，提高教师的教学积极性，进而提高教学质量。下面主要探讨体育教师的专业素质评价与课堂教学评价。

(一)专业素质评价

1. 思想政治素质

对体育教师而言,思想政治素质是必备素质之一,所以在专业素质评价中,首先要评价体育教师的这一基本素质。体育教师思想政治素质包括对政策的贯彻和执行、工作态度、道德修养、行为习惯等内容,其中职业道德的地位非常重要,它要求体育教师对工作积极负责,尊重学生,关心学生,关注学生成长,对学生一视同仁。对体育教师思想政治素质的评价主要以学生评价、教师自我评价等方式为主。

2. 知识结构素质

体育教师的知识结构素质指的是体育教师的知识广度和深度,体育教师不仅要掌握体育基本技能和体育基础知识,还要掌握具有深度与高度的体育专业理论知识,深入了解体育教学规律和学生身心发展规律。

3. 能力结构素质

能力结构素质指的是体育教师完成体育教学工作的能力,如教学设计能力、教学组织能力以及教学内容讲解能力等。具备这些能力的体育教师能够科学安排教学内容,激发学生的积极性,促进体育教学的顺利实施。具有良好表达能力的体育教师能够以形象、生动的语言叙述相应的知识和技能,从而使得学生能够更好地学习。教师的组织和管理能力较强,能够协调师生之间的关系,并且能够更好地运用各种体育教学资源来完善体育教学活动。

体育教师的能力结构素质还包括身心素质。良好的身体素质是体育教师顺利开展体育教学工作的基本条件。心理素质主要包括思维的敏捷程度、逻辑思维能力及洞察力等内容。

4. 自身发展的素质

教师自身发展素质指的是体育教师接受和学习新知识、新技术、新思想的能力。体育教师只有不断充实自己的知识库，主动学习，才能更好地适应体育教学的要求，推陈出新，深化教学改革和研究，并取得良好的成果。自我学习能力是体育教师应该具备的一项基本能力，拥有良好自我学习能力的体育教师往往更能够在体育教学中安排好各项工作，满足学生的需求。

（二）课堂教学评价

对体育教师在体育课堂中的表现进行评价，是体育教师教学评价的重要内容。在这方面，既要对教学过程进行评价，又要对教学的有效性进行评价。体育教师在体育课堂上的教学评价从以下几个方面展开。

1. 课程标准的贯彻

进行课程标准评价，主要是看体育课堂教学是否围绕学习目标进行，是否与课程标准的要求相符，是否完成了课程标准规定的任务等。具体来说，就是看体育课堂教学的定位是否准确，是否符合学生身心特征与实际情况等。

2. 教学思想

体育教师应树立正确的教学思想，如“健康第一”“终身体育”“素质教育”“以人为本”等，并在这些正确思想的指导下从事教学活动，促进学生全面发展。另外，体育教师必须具有创新精神，能够科学地进行体育教学改革与创新。

3. 教学内容

体育教师在课堂上组织与实施的体育教学内容既要丰富全面，又要突出重点，并与教学目标相适应，做到科学性与思想性的统一，应能够促进学生体能、技能、心理素质、社会适应能力、意志品质等素质的全面提高与发展。

4. 教学方法和手段

体育教师在体育课堂上所采用的教学手段和方法应符合体育教学原则，具有新意，教师要因材施教，选择对学生身心发展有意义的教学方法，能够激发学生学习兴趣，培养学生分析问题和解决问题的能力，培养学生创新思维的方法。另外，教学方法还应有助于师生间的互动。

5. 教学技能

对体育教师教学技能的评价从以下几方面展开。

(1) 在体育教学过程中，体育教师首先应科学设立教学目标，明确课堂教学目标，教学目标应具有可操作性。

(2) 教师应充分整合教学资源，创设良好的教学环境，吸引学生的注意力。

(3) 体育教师应与学生形成良好的互动，并能用生动、形象的语言讲解内容，用规范、优美的动作进行示范。

(4) 体育教师应能够从容应对教学过程中的突发事件，保证课堂教学有序进行。

6. 教学效果

评价体育教师的课堂教学效果主要从教学目标的完成情况、学生的情感体验等方面展开，如通过本节课的教学是否促进了学生知识和技能的提高，是否培养了学生的体育兴趣和习惯，是否锻炼了学生的心理素质和意志品质等。

二、体育教师教学评价案例

（一）教师自我评价

1. 案例陈述

表 6-12 是体育教师自我发展评价表。

表 6-12　　体育教师自我发展评价表

评价内容	评价标准	发展优势	发展目标	发展措施	评分
思想素质 （20 分）	1. 遵纪守法，依法执教 2. 敬业爱岗，爱校爱生 3. 讲正气、讲学习、讲奉献				
专业素质 （20 分）	1. 了解本学科的前沿研究和发展概况 2. 掌握本学科的理论与概念 3. 熟悉本学科的教学要求 4. 灵活运用本学科的教学方法 5. 善于将本学科知识与生活实际相结合				
业务能力 （20 分）	1. 教学方式有趣又有效 2. 运用形成性评价和总结性评价，了解学生的进步情况 3. 学生管理技能高超，师生关系平等，激励学生奋发向上 4. 运用现代化教育手段 5. 善于进行学科思想渗透和学法指导 6. 积极开发校内外课程教育资源并承担校本课程和综合社会实践活动课				
科学与人文素养 （20 分）	1. 了解国际国内学科发展的历史及最新动态 2. 了解和热爱祖国文化 3. 热爱学习，能够主动地展开生活实践 4. 明了学科与生产生活的联系，具备构建事物之间合理联系的能力 5. 关注和正确评价生活中的焦点问题				

续表 6-12

评价内容	评价标准	发展优势	发展目标	发展措施	评分
团队精神（10 分）	1. 能经常为学校的发展提供建设性意见 2. 积极参与备课组的集体备课，能提出个性化合理的措施建议 3. 与家长、学生建立良好的合作关系				
教科研能力（10 分）	1. 具有教育科研意识 2. 能用科学研究的方法主动解决教育过程中的问题 3. 会设计科学的教育实验 4. 积极承担教学研讨课 5. 会撰写规范的学术论文和实验报告				
计分方法	总分×60％				
自我评价	A 等 60～50 分　B 等 49～30 分　C 等 29～10 分				

2. 案例分析

体育教师通过学期初的自我发展规划，可以明确自己的工作方向，促进自己的成长和发展，从而提高教学质量。该案例从教师发展需要的思想素质、专业素质、业务能力、科学与人文素养、团队精神和教科研能力六个方面进行总体评价，具有全面性、公平性、公正性、可操作性等特点，学习和借鉴价值很高。

（二）学生对教学过程的评价

1. 案例陈述

表 6-13 是体育与健康课堂教学评价问卷调查表，调查对象主要是学生。

表 6-13　　体育与健康课堂教学评价问卷调查表

评价项目		评价内容	权重分数	得分
学习方式（25 分）		1. 有自己明确的学习目标	5 分	
		2. 明白自己的学习任务，知道学什么、如何学	5 分	
		3. 在教师组织下，多种感官并用，成功开展练习活动	5 分	
		4. 积极参与练习，争取发表自己的看法，接受他人的意见	5 分	
		5. 对学习内容能主动探索、思考，而不是被动接受	5 分	
学习水平（35 分）		1. 在体育课堂上，感觉非常愉快	5 分	
		2. 在教师指导下，充分利用自己已有的知识和能力，学习新的知识、技能	5 分	
		3. 认真思考学习过程中遇到的各种问题，勇于克服遇到的困难	5 分	
		4. 遇到问题时，能及时与教师沟通、交换看法	5 分	
		5. 善于与同学们互相帮助、学习，合作完成一项任务	5 分	
		6. 在教师组织下，积极参与小结、总结和回顾认知过程，反思学习方法	5 分	
		7. 课上能得到同学和教师的评价与鼓励	5 分	
学习效果（40 分）	知识目标	1. 具有必备的知识和能力准备，并激活了这些原有的储备	5 分	
		2. 学到了关于运动与身体健康的知识	5 分	
		3. 学会了一些新的运动技能或战术配合	5 分	
	能力目标	1. 能自主地进行体育学习、练习	5 分	
		2. 感觉自己在思维、组织或合作等方面有所提高	5 分	
	情感目标	1. 将体育老师看作自己的朋友	5 分	
		2. 达到了自己的预期目标，获得了成功的体验	5 分	
		3. 在遇到困难时，表现出果断和勇往直前的精神状态	5 分	
总分				
写给老师的话：				
写给自己的话：				

2. 案例分析

本案例是在刚结束体育课后，对学生做的一个调查，此时学生对课堂教学的印象还较为深刻，因此及时进行调查能够获得可靠的资料，但此时进行调查也可能使学生对体育教师的评价失去客观性。所以，在调查过程中要注意结合其他评价方法，从而更真实地反映教师的课堂教学情况。

第四节　学生学习评价

一、学生学习评价内容

学生学习评价是体育教学评价的另一个重要方面，通过对学生的学习情况进行评价，能够使体育教师直观地了解教学任务的完成情况和教学目标的达成情况，为教学活动提供反馈信息，同时激励学生进步。学生学习评价的具体内容有以下几点。

（一）体质健康

增进学生健康体质是体育教学的重要目标。在学生健康体质考核中，可参考《国家学生体质健康标准》，针对不同年级的学生采取不同的评价内容与方法，具体考核内容见表6-14，此表摘自《国家学生体质健康标准(2014年修订)》。

表 6-14　　学生体质健康测试指标

测试对象	单项指标	权重/%
小学一年级至大学四年级	体重指数(BMI)	15
	肺活量	15
小学一、二年级	50米跑	20
	坐位体前屈	30
	1分钟跳绳	20

续表 6-14

测试对象	单项指标	权重/%
小学三、四年级	50 米跑	20
	坐位体前屈	20
	1 分钟跳绳	20
	1 分钟仰卧起坐	10
小学五、六年级	50 米跑	20
	坐位体前屈	10
	1 分钟跳绳	10
	1 分钟仰卧起坐	20
	50 米×8 往返跑	10
初中、高中、大学各年级	50 米跑	20
	坐位体前屈	10
	立定跳远	10
	引体向上(男)/1 分钟仰卧起坐(女)	10
	1 000 米跑(男)/800 米跑(女)	20

注:体重指数(BMI)=体重(kg)/身高^2(身高的单位为 m)。

(二)学习态度

学生的学习态度直接影响甚至决定了体育教学的效果,因此对学生学习态度的考核至关重要。在具体考核中,可参考以下指标。

(1)学生能否积极参与体育教学活动,表现为学生的出勤数。

(2)学生能否积极主动地思考,为达到目标而反复练习。

(3)学生能否全神贯注地学习。

(4)学生能否虚心、认真接受教师的教导。

为了科学地测量学生的体育学习态度,可采用亚当斯的体育态度量表。学生通过对相应的题目表达"同意"或"不同意",每条题目确定了相应的加权数,将学生选择"同意"的题目相加,并除以其表示“同意”的题目数，最终对学生的学习态度做出一个判定。

（三）知识技能

提高学生的体育知识水平和技能水平是体育教学的重要目标。不同学生的学习能力、既有知识和经验等存在差异。因此，在进行体育知识和技能评价时，也应突出差异性，注重学生对相应知识的理解和综合，注重对学生运用知识的能力的考核。

在技能考核中，采用量化指标或体育竞赛形式，如对学生的篮球技能进行考核时，可采用规定次数投篮的形式，而综合技战术能力的考核可组织体育竞赛。

（四）心理健康

增加学生心理健康与学生社会适应能力也是体育教学的重要目标之一。判断学生心理是否健康，主要看其是否积极、乐观、自信，是否能很好地进行自我调节和控制。

判断学生是否具有良好的社会适应能力，主要看其是否尊重他人、人际交往能力是否良好、团队合作能力是否较强等。在心理和社会适应能力评价中，可参考相关心理学量表，如症状自评量表（SCL-90）、大学生人格健康调查量表（UPI）等。

二、学生学习评价案例

（一）学生自我评价

1. 案例陈述

在学期结束时，教师可以让学生对自己在整个学期的学习表现进行自我评价，具体内容见表6-15。

表 6-15　　学生自我评价案例表

评价项目	评价内容	评价等级					单项评价
		A	B	C	D	E	
体能和运动技能	通过田径跑的教学，你认为自己跑的技术动作是否正确？	正确	比较正确	基本正确	不太正确	不正确	
	你 12 分钟跑的距离与学期初比较有什么变化？	进步较快	有点进步	没有变化	有点退步	退步较快	
	你的跳远成绩比初学成绩提高了多少？	30 厘米以上	25～30 厘米	20～25 厘米	15～20 厘米	10～15 厘米	
	在耐久跑中出现“极点”怎么办，是否知道调整极点的方法？	知道	知道较多	一般	不太知道	不知道	
	通过耐久跑的教学能否合理运用耐久跑技术和知识进行耐力锻炼？	能够	较能够	一般	不太会	不会	
运动参与	你在课外每周锻炼大约几次？	>3 次	3 次	2 次	1 次	0 次	
	你在节假日经常参加体育活动吗？	经常	较经常	一般	较少	从不	
	你经常代表班级参加学校的体育比赛吗？	经常	较经常	一般	较少	从不	
	你每周体育锻炼累计大约几小时(体育课和课间操除外)？	>3 小时	3 小时	2 小时	1 小时	0 小时	
	你对上体育课有兴趣吗？	非常	比较	一般	较少	没有	
情意表现	当你正在按计划进行锻炼时，即使有其他娱乐活动，你也会坚持锻炼完吗？	肯定会	较会	可能会	不太会	不会	
	你知道耐力素质非常重要，而需要长期锻炼，你能坚持每天练习，直至达到目标吗？	肯定会	较会	可能会	不太会	不会	
	在难度较大的体育练习中，你都能一直果断勇敢、勇往直前吗？	肯定会	较会	可能会	不太会	不会	
	你已经决定了的事情会坚持到底吗？例如，每个星期天早上出操锻炼，没有特殊情况从不间断等。	肯定会	较会	可能会	不太会	不会	

续表 6-15

评价项目	评价内容	评价等级					单项评价
		A	B	C	D	E	
社会适应能力	你在体育比赛活动中扮演的角色是否每次都成功，是否有很强的“归属感”?	能	较能	一般	不太能	不能	
	当班级同学参加比赛时，你是否能给予关心、鼓励、加油、帮助，如拿服装、鞋、送水等。	能	较能	一般	不太能	不能	
	在田径运动会接力赛跑中，有同学摔倒并影响了班级成绩，这时你会去安慰他吗?	肯定会	较会	可能会	不太会	不会	
	在体育活动中你会遵守规则或者按教师的要求去做吗?	肯定会	较会	可能会	不太会	不会	
	在体育学习中你经常主动帮助同学和协助教师吗?	经常	较经常	一般	不经常	从来没有	
综合评价							

2．案例分析

学期结束时，教师让学生评价自己在一学期的表现，包括体能和运动技能、运动参与、情意表现和社会适应能力等方面的学习目标完成情况，能够使学生发现自己的进步与问题，使教师清楚地了解学生的学习情况，从而明确下学期的教学重点。学生自我评价方式具有内容简单、便于学生填写、能够引导学生进行自我评价、使教师更好地了解学生的学习情况等优点。

但是，这种评价方式的评价内容是教师定的，学生无法在自我评价中发挥主体性，而且这种评价很容易让学生误认为是学期成绩的一部分，从而影响信息的真实性。因此，教师在鼓励学生自评时,要从力求引导学生进行积极自评反思的角度设计评价表。需要注意的是,学生自评不是为教师服务,而是为了学生的反思与进步,所以体育教师一定要培养学生自评的意识和习惯,使学生从自评中自己发现问题、解决问题,从而不断进步。

(二) 教师对学生的评价

1. 案例陈述

学生体育学习成绩综合评价见表6-16。

表6-16　　学生体育学习成绩综合评价表

		体能		知识与技能		学习态度		情意表现与合作精神		隶属度
		体能测试	进步幅度	健康知识	运动技能	出勤情况	平时表现	情意表现	合作精神	
		1	2	3	4	5	6	7	8	
评价等级	非常优秀									0.95
	优秀									0.75
	良好									0.65
	基本达标									0.55
	待达标									0.45
权重系数		0.17	0.06	0.515	0.16	0.05	0.11	0.515	0.15	

本案例对学生体育学习成绩的综合评价主要从体能、知识与技能、学习态度以及情意表现与合作精神等几方面展开,评价细则具体如下。

(1) 体能评定,参照《国家学生体质健康标准》。

(2) 知识与技能评定。依据特定标准,采用综合师评、学生互评和自评等方式。

(3) 学习态度评价(表6-17、表6-18)。

表 6-17　　学生出勤率评价表

出勤率	评价
95%～100%	非常优秀
90%～95%	优秀
85%～90%	良好
80%～85%	基本达标
75%～80%	待达标

表 6-18　　学生平时表现评价表

评价内容	分值	自评	互评	师评	总评
集队“静、齐、快”，认真做好课堂笔记	12 分				
认真做好自评和互评	13 分				
主动自觉地参与体育活动	12 分				
遵守课堂常规和课堂纪律	12 分				
积极思考，为达到目标反复练习	13 分				
认真听教师讲课，看教师示范	12 分				
学习方法能体现出灵活性和创造性	13 分				
认真完成课外作业和接受教师指导	13 分				

（4）情意表现与合作精神评定（表 6-19、表 6-20）。

表 6-19　　学生情意表现评价表

	评价内容	分值	自评	互评	师评	总评
1	自觉运用体育活动调整心理	13 分				
2	为达到目标坚持不懈地努力学习	13 分				
3	坚韧的意志品质，勇敢的拼搏精神	13 分				
4	敢于面对困难，勇于克服困难	12 分				
5	在活动中有展示自我的欲望、行为	13 分				
6	大胆地做练习，能战胜自卑	12 分				
7	能勇于挑战自我、战胜自我	12 分				
8	通过体育活动树立自信心	12 分				

表 6-20　　学生合作精神表现评价表

评价内容	分值	自评	互评	师评	总评
尊重老师、尊重同学	13 分				
主动承担在小组学练中的任务	13 分				
在比赛中，能为小组荣誉全力以赴	13 分				
在比赛中尊重裁判、尊重对手	12 分				
不计较胜负，赞扬对手	12 分				
认真分析失败原因，不埋怨他人	12 分				
能与他人很好地交换自己的意见	13 分				
主动安慰、帮助受挫失败的同学	12 分				

2. 案例分析

本案例对学生的综合评定内容丰富全面，对于培养学生各方面的素质、促进学生全面进步具有积极的意义。但本案例也存在一些不足，如体能评价中采用进步幅度评价，对原本体能较好的同学稍显不公平，影响其学习积极性；整个评价中，各方面评价所占的比重没有显示；综合评价具有模糊性，可操作性不强；在平时表现、情意表现和合作精神表现评价中内容设计不妥，缺乏客观的评价标准。

第五节　新课标下学校体育课程教学评价体系的建设

一、更新体育教育理念，科学建立评价机制

（一）确立学校体育在素质教育中的地位和作用

要明确学校体育的具体培养目标，使体育教学评价目标与体育教育目标保持一致，围绕教育、教学目标对体育教育评价的指

标体系和评价方案进行设计，对目标的达成程度进行测量和评判，以此为出发点，力求评价指标体系的科学化，提高评价方法的操作性，使其与学生实际相符，且能够满足社会的需求。

（二）树立学生的主体性发展目标

在体育教学中，学生居于主体地位，在体育教学评价体系的构建中，要将学生的主体地位明确下来，对学生的自主性、主动性和创造性等特征予以重视与强调，要清楚地认识到评价体系是为评价对象而服务的，要有利于评价对象的利益实现，要鼓励评价对象积极参与与配合评价，促进教学过程的完善和教学质量的提高，最终促进学生身心全面发展。

（三）深入理解现代教育理论，发挥评价的教育功能

传统体育教学评价对评价的甄别与选拔功能十分重视，甚至过分强调这些功能，新课程改革明确指出这一弊端，强调体育教学评价的教育功能的发挥，从而促进学生的进一步发展。改革后的体育教学评价体系具有评价主体多元互动化、评价内容丰富全面、评价方式动态化等特点。所以，要从多角度出发，全方位进行评价，促进体育教学评价多元功能的整体发挥。

二、促进体育教学评价内容的丰富和完善

现代体育教学评价内容将越来越全面，对学生综合素质的考察将越来越重视，学生的身心健康、运动技能、运动参与、适应能力、情感体验、心理素质以及体育创新能力等都会在评价中受到关注。体育教学评价要面向全体，要对学生的个体能力差异给予充分的考虑和尊重，力求增加评价的可信度。此外，在评价中也要对学生的经验差异给予尊重，关注学生在体育教学过程中付出的努力与取得的进步。

三、构建灵活多样的评价体系

现代体育教学评价体系的构建要求评价方式多样，要改革传统上注重终结性的弊端，重视发展性评价，实现以下三个结合。

第一，教师评价与学生评价相结合。

第二，定性评价与定量评价相结合。

第三，过程性评价和终结性评价相结合。

不同学生的成长发育水平存在一定的差异，不同发育程度的学生有不同的体育需要，要将体育教学评价的激励功能充分发挥出来，不应按固有的标准来对全体学生做出统一的要求，而应该在体育教学评价中做到多样化。提高教学质量，促进学生身心健康发展是体育教学评价的最终目的。要针对不同的教学对象制订不同的教学目标和教学评价目标，采取不同的评价方法，区别对待，从而有效激励不同层次学生锻炼的积极性，为体育终身教育提供基础保障。

第七章　新课标下学校体育课程建设与发展的案例分析

新课标带来的新变化也体现在课程设置上。体育课程的改革与发展是一个长期的工程，需要与时俱进。体育课程是一个全面而系统的内容体系，包括多种项目的课程，如球类运动项目的课程、民族传统体育课程以及田径课程等。伴随着新课程标准的实施，这些具体的体育课程将更换部分内容。

第一节　重点球类运动项目课程设置与发展

一、篮球课程设置与发展

在学校篮球课程建设过程中，首要的工作就是梳理与分析篮球课程建设的发展过程，从而对篮球在学校的发展历史有一个清晰的认识，以更好地采取相关的策略来设计与建设篮球课程，提高篮球课程教学水平。学校篮球课程建设主要分为五个时期，即探索与借鉴、停滞与迷茫、调整与恢复、发展与提高、振兴与完善。下面对这五个不同历史阶段学校篮球课程的建设与发展进行具体的分析。

（一）课程设置的探索与借鉴时期

学校篮球课程建设的探索与借鉴时期主要是1949—1965年。这一时期篮球课程建设的发展具体可分为以下两个阶段。

1. 1949—1951 年

1949—1951 年，我国学校篮球课程的开设并不普遍，只在部分学校开设了篮球课程。当时，部分学校开设篮球课程后，所采用的教学模式相对较为自由，一些学校自主探索教学模式，还有部分学校对美国、德国、日本等国家的篮球教学模式进行了借鉴。这一时期篮球的教材并不统一，很多学者将国外篮球方面的书进行翻译后出版，这对于我国篮球教学水平的提高有积极影响。

2. 1952—1965 年

1952 年，我国一些学校进行了院系调整，并且各个学科的建设也在逐步展开。我国开始在教育理念、教育体制等方面向苏联学习，并且开始有计划地培养不同专业的人才。这一阶段，我国先后成立了多所体育学校，如华东体育学院、中央体育学院、西南体育学院和中南体育学院，也就是现在的上海体育学院、北京体育大学、成都体育学院和武汉体育学院。这些体育学院在成立之初都开设了相应的篮球普修课和专修课。

在探索与借鉴时期，我国篮球课程的建设向苏联模式全面学习，篮球课程的主要目标为对篮球运动员、教练员和篮球教师进行培养，强调篮球技术动作训练的重要性，并设定了篮球运动员的等级动作，同时课时相对较多，并且规定性较强。1952 年院系调整之后，我国的篮球教学大纲逐渐统一，教学的规格和质量也有了相应保证。

1957 年，我国在整理苏联专家有关篮球方面的讲义之后，出版了《篮球讲义》一书，此书内容较为系统，强调篮球的训练。在 1961 年，我国第一部体育院系通用的篮球教材出版，改变了我国一直没有通用篮球教科书的局面。这一篮球教材的出版，对我国以后各种篮球教材的编写具有指导意义。

在篮球课程建设初期，我国的篮球教师相对短缺，体育学院的篮球教师主要来源于两个方面：一是从师范学校的体育系抽调;二是对具有一定的体育基础并且热爱篮球的教师进行培训,培训合格的教师成为篮球教师。20世纪50年代末期,各体育院校培养了相应的篮球人才,从而使篮球师资队伍日益壮大。

在探索与借鉴时期,我国篮球教学的程序为"讲解—示范—练习—纠正错误—巩固练习—实践运动",对学生的学习进行终结性评价,保证学生培养的规格。

(二)课程设置的停滞与迷茫时期

我国学校篮球课程建设的停滞与迷茫时期是在1966—1976年。在这一时期,我国的篮球教学工作基本处于停滞状态,大部分院校被合并、裁撤。

(三)课程设置的调整与恢复时期

学校篮球课程建设的调整与恢复阶段的时间为1977—1984年,这一阶段我国教育秩序逐渐恢复。1982年,我国原有的体育院校得到恢复,并建立了新的院校,综合性体育院系也得到了恢复。

在此时期,篮球课程被设置为体育专业的主干课程,并延续至今。其主要目标是对中等以上体育教学的师资进行培养,促进专项运动水平的提高。这一时期体育院校对竞赛的组织管理、裁判等方面的工作提出了相应要求。

1979年,体育院校教材编审委员会编写了体育系通用教材《篮球》,此教材在原有的教材基础上,参考了国内外先进的理论、技术和方法,该教材的出版使我国篮球课程教学的顺利开展得到了可靠保障。

在这一时期,我国学校篮球教学主要采用传统的经验式训练方法,在现代教学理念的影响下,很多教师开始对篮球教学的方法进行探索,并且取得了一定的探索成果。随着一些学者对篮球教学研究的不断深入,学校篮球课程的教学水平也有了明显的提高。

（四）课程设置的发展与提高时期

学校篮球课程教学建设的发展与提高时期为1985—1998年。从1985年开始，我国逐渐从各方面对教育体制进行改革。1993年，我国颁布了《中国教育改革和发展纲要》，这一纲领性文件对当时以及以后的教育工作的开展具有积极的指导意义。这一阶段我国的教育理念开始摆脱苏联的影响，并尝试借鉴西方教育的思想及方法，并结合我国具体情况对具有中国特色的教育制度进行探寻。

在发展与提高时期，我国学校体育院系开设篮球课程的数量不断增多，篮球教学的目标也在不断调整：在20世纪80年代，注重体育教师的培养；20世纪90年代初期，注重科研能力的培养；20世纪90年代末期，则强调“专门性”人才的培养，特长与全面能力兼具。篮球课程的知识体系不断丰富与完善，学生的综合素质也在不断提高。

1985年，为了与社会发展的需求相适应，我国第三个版本的学校体育系通用篮球教材出版，这一教材对我国篮球教学的经验教训进行了总结，并且对国外先进的经验进行了借鉴。这一教材参编人数较多，教材的内容体系也较为保守，在之后又有两本体育学院的篮球教材由人民体育出版社出版。

随着我国教育水平的日益提高，篮球教师的学历结构也出现了一定的变化，主要表现为体育院校系的篮球教师逐渐由本科向研究生层次转化。学校篮球教学的方法研究也取得了较大的成果，广大体育教师在教学实践过程中探索出了很多篮球教学的专项方法。这一阶段，在篮球教学过程中，对于教育技术手段的运用逐渐增多，如录像、幻灯片等。

（五）课程设置的振兴与完善时期

1. 1999—2002年

1999年，我国继续推动体育教学改革，全面推进素质教育改革成为教学改革进程中一项重要的工作内容。从1999年开始，高等教育的大众化发展趋势逐渐出现。

20世纪末期，我国学校篮球课程的教学既注重知识的系统性，又注重对大学生个性、动手能力等能力的培养，人才的培养目标向着“复合型”的方向发展。

随着学校大众化的发展，各学校不断扩大招生数量与范围，学校篮球教师队伍开始趋向年轻化。

在振兴时期，学校篮球教学方法呈现多元化、综合化的发展趋势，多媒体教学手段被普遍采用，新式教学方法在篮球教学中的运用也十分频繁。这一阶段的教学评价仍以终结性考核为主，评分标准相对较为单一，对学生之间的个体差异重视度不高。

2. 2003至今

2003年以来，我国教育现代化建设的进程仍在不断推进，2010年，我国颁布了《国家中长期教育改革和发展规划纲要（2010—2020年）》，以促进我国教学质量的全面提高。

新时期，我国学校篮球课程教学目标在专项方面开始强调对大学生基础和多种能力的培养。在篮球教学中，“健康第一”“终身体育”“素质教育”等教学思想和理念逐渐得到重视，并被写入篮球课程标准。

专修教材将篮球运动提高到体育学科和社会文化现象的高度，对篮球的基本规律进行了阐述，强调了篮球运动各方面的影响。随着篮球教学的发展，各种篮球教材不断增多，使不同院校篮球人才培养的需求得到了一定程度的满足。

现在，我国篮球教学方法呈多元化的发展趋势，各种新式教学方法被不断采用，这在一定程度上导致了教学方法使用的混乱。多媒体教学手段在各院校普及开来，一些新的教学程序和教学软件被不断开发应用。篮球教学的信息化不断完善，大大提高了篮球教学的水平。

目前,我国学校篮球教师数量不足的情况普遍存在。在篮球教学评价方面,虽然很多教师开始对多种形式的评价方式进行探索,但是仍然以终结性评价为主,这对于学生个性的培养与发展是较为不利的。

二、足球课程设置与发展

(一)足球课程设置的现状

1. 内容与教学组织、教学对象不配套

学校足球教学内容最关键的组成部分是各项足球技术,旨在让学生熟练掌握足球运动的各项技术,促使学生把注意力集中在足球活动中,形成终身体育的良好习惯。现代足球技术形成与发展的服务对象是专业足球人士。把足球比赛中的主要动作转变成各个部位的踢停球技术和运球技术、铲球技术等,其主要目的是提升足球运动专业水平,为组织训练提供方便。训练与体育教学最大的不同是,前者几乎每天都在进行,而后者一周只有一次。将为满足专业运动员训练需要而产生的足球技术放在课堂教学中去实施,二者显然不配套。在教学实践中必须对足球技术进行再加工,使之符合学校足球教学的要求。

另外,足球训练的对象是运动员,足球教学的对象是学生。通常来说,足球运动员参与竞技足球,学生参与业余足球。因为足球运动员常年训练,所以身心条件能够更好地适应足球技术学习过程。就绝大多数学生来说,他们对学习足球技术往往没有做好充足的身心准备,一般会将复杂的足球技术直接当成教学内容,这种情况将对他们学习与掌握足球技术产生负面作用。

2. 内容缺乏趣味性

现阶段,绝大多数学校足球课教学内容的专业性和竞技性很强,但健身实效性和教学内容的游戏性都不够突出。足球课教学

内容往往集中于基本技术，没有充分涉及足球竞赛规则裁判法以及足球游戏等内容，没有彻底革新之前的体系；课程内容与学生生活、社会、培养终身体育意识相脱离；知识陈旧、静止化，新知识难以诞生并进入课堂；迷信技能，没有创新，难以吸收新理念下的课程内容，减弱了学生学习的兴趣，学生的积极性不高。

（二）足球课程设置的发展方向

1. 课程目标梯级化

（1）初级教学是足球启蒙教育

这个阶段主要教学目标是对学生进行最基础的足球知识与技能教学，强调重视培养足球兴趣，强化足球教学的趣味性，淡化竞技足球教育，让学生体验参与足球活动的快乐。该阶段教学内容以球性球感练习、趣味性足球活动和足球游戏为主，适当介绍足球的基本技术，为幼儿园、小学低年级、非校园足球特色学校和校园足球基础较差的足球启蒙教育选择教学内容提供参考。

（2）中级教学是足球提高教育

这一阶段教学目标的重要宗旨是广泛普及足球教育，有效拓展学校足球知识面，培养学生的足球兴趣，进一步优化学生足球运动技能，推动学生掌握一些足球比赛能力，从而积极参与课外足球活动。这一阶段的教学内容主要是基本技术、基本战术以及简单比赛，适度开展提高足球比赛能力的基础训练，向小学高年级、初中、足球基础薄弱的高中甚至大学选取教学内容提供参考。

（3）高级教学是足球精英教育

这一阶段主要目标是发展学生足球特长，进一步提高学生的足球技能水平与比赛能力，为培养足球后备人才奠定一定基础。该阶段教学内容以足球技能技巧、战术配合、足球比赛等高标准、高要求的足球教材为主，进行一定的提高足球比赛能力的训练，为高中、大学和足球特色学校的高年级学校选择教学内容提供参考。

(4)各等级水平教学内容无缝衔接

在设计等级水平内容的过程中,应当深层次思考不同水平内容之间的衔接问题,维持三个等级教学内容的层次性和完整性,有效规避根据学年段依次制订教学大纲、内容重复、和教学实际情况相脱离的缺陷,有效强化足球等级水平体系的可行性与可操作性。

2. 系统安排各级的课程内容

在安排不同水平的教学内容时,应当包含的内容有足球基本技战术、足球基本知识、足球运动多种体育训练内容和心理健康教育内容。在对不同水平的教学内容进行安排时,不仅要科学搭配足球知识与技战术,还要将足球知识、足球技能与体能训练、综合素质教育进行有机结合。

(1)遵循足球运动规律与教学实际相结合

足球教学内容的安排要遵循足球运动规律,由易到难,系统递进。各等级、各水平内容要有机衔接,足球理论知识、技术、战术和比赛的教学内容协调安排,符合教学实际,如教学目标要符合课时和学生基础等实际,足球教学内容的量和难度要与课时相匹配等。

(2)足球理论知识与技能教学相结合

足球理论知识教育是广泛普及足球教育的一项关键内容,要将足球基本知识纳入教学内容体系中,同时有机结合足球理论知识和技能教学,促使两者相互促进;要将足球活动需要作为出发点,选取对学生养成足球兴趣、提升足球运动技能、主动参与课外足球活动有积极作用的足球基本理论知识作为教学必修内容,应当对对应的足球技术教学水平进行协调安排,具体包括足球运动基本技术与基本战术的要点、足球基本竞赛规则、足球活动安全防范常识等。

(3)足球技能教学与体能训练相结合

足球教学是体育教学的组成部分,要为实现促进学生身心健康的体育教学目标服务；要选择、设计一些既有利于提高学生足球技能水平，又有利于增强学生体能的趣味足球活动，作为教材纳入足球教学内容，把足球技能教学与体能发展有机结合起来，使技能学习与体能发展相互促进，如把有利于学生发展上肢和腰腹力量的掷界外球和发展下肢力量的踢球比远等练习作为教材纳入教学内容。

（4）足球知识、技能和体能教学与心理健康教育相结合

心理健康教育是我国学校体育的一项关键任务。在足球教学过程中，应当将足球知识、技能、体能教学与心理健康教育有机结合起来，这是足球教学的最高境界；要把培养勇敢顽强、团结协作等心理健康教育作为足球教学的重要任务，从足球教学实际出发，设计一些既有利于传授足球知识、提高足球技能、发展体能，又有利于促进学生心理健康发展、提高综合素质的足球活动，将其纳入足球教材内容体系，如多种形式的个人或团队对抗的足球游戏、多人协作完成的足球战术等。

第二节　民族传统体育课程建设与发展

一、民族传统体育课程建设中存在的问题

我国学校民族传统体育课程设置中存在着许多突出的问题，具体表现在改革目标模糊、教学模式单一、难以摆脱原生态、教学经费投入不足、竞赛开展情况不容乐观、受西方竞技体育文化的冲击影响较大等多方面，具体分析如下。

（一）改革目标不明确

尽管我国学校体育教育有了一定的发展成效，但还有一些问题需要进一步完善。我国学校民族传统体育教学缺乏较为明确

的改革目标，以运动技术为中心的旧课程体系仍占主导地位是一个主要问题。

现阶段，我国学校教育的最终目的是提高学生的全面素质。具体来讲，素质教育的重点是树立学生的终生体育观念，培养学生具备高尚的体育道德情操与“一专多能”的业务能力，并且使学生的健身意识不断增强，使学生掌握科学锻炼身体的方法和技巧，从而能够继续保持在校期间身体锻炼的近期效益，并且能够向终身体育的远期效益转化，使其个性得到充分发展，智力得到进一步开发，达到促进学生身心健康全面发展的目的。

学校民族传统体育是我国民族文化和传统体育的重要组成部分，对学生的素质教育具有非常重要的促进作用。在学校民族传统体育教学改革中，依然存在着一些尚未得到明显解决的问题，主要有以下几个方面。

（1）教学改革目标没有与具体操作的内容结合起来。

（2）以运动技术为中心的旧格局仍然存在。

（3）体育与健康强身育人、弘扬民族文化的传统体育没有得到重视，也没有被纳入学校体育教学内容中。

要想达到学生学有所用的目的，真正实现我国民族传统体育教学与现阶段社会对学生的更高要求相结合，实现学有所教、学有所用，还有很长的道路要走。

（二）教学模式单一化

民族传统体育作为传承与发展人类文化知识的基础教学模式，在进入学校体育教学后，教学模式主要是教师进行示范教学、学生模仿教师的行为。在学校教育发展初期，示范型教学模式是必不可少的，具有先进性，它不仅有利于教师开展教学工作，而且可以保证学生较快地掌握民族传统体育运动的基础知识及技能。

随着社会的发展和学校体育教育的不断改革，示范型这种传统体育教学模式已经不能满足现代体育教学的需求。单纯地靠讲解和示范不能使学生明确认识技术动作的本质，而且容易形成动作定型，造成学生动作不规范，大大降低了学生的学习效率，从而很难实现在一个学习周期中完全掌握技术动作的学习目标。示范型教学方法还会挫伤学生的学习兴趣，使学生被动地学习民族传统体育，不能很好地传承民族体育文化。

（三）无法摆脱原生形态

目前，我国学校民族传统体育发展较为缓慢，大多数学校对民族传统体育的教学也只是以课外活动的形式展开，这就在一定程度上使民族传统体育无法摆脱原生形态，从而使学生更倾向于选择时尚的现代体育运动，而更少选择民族传统体育项目。

民族传统体育所依赖的广大农村地区和民族地区的经济、科学和文化较为落后，在这些因素的影响下，有许多民族传统体育项目无法摆脱原生形态或次原生形态的深刻烙印，至今还带有浓郁的文娱色彩。

（四）教学经费投入有限

学校民族传统体育是我国国民体育的重要基础，是促进学生形成终身体育意识和终身体育锻炼的重要手段。我国教育部和国家体育总局等先后出台了多项关于民族传统体育发展的政策，对促进我国学校民族传统体育教学工作的开展起到了积极的推动作用。实际调查研究表明，现阶段我国各界对学校民族传统体育教学的支撑大多停留在理论上，缺乏具体的实施。

与发达国家相比，我国目前对学校教育的资金投入有限，对学校体育场地、设施、器材等的建设经费投入存在着严重不足的问题。在很多高校中，民族传统体育教学缺乏专门的场地、没有专业的教学器材和设备，民族传统体育只是作为课外活动内容进行，我国民族传统体育在学校仍然没有得到应有的重视。

（五）竞赛开展情况不佳

在学校民族传统体育竞赛方面，除个别项目外，大部分项目都存在着各种各样的问题，如器材不规范、标准不统一、竞赛制度不健全、规则不严密等，这在一定程度上影响了民族传统体育竞赛在学校的开展。

据调查，我国很多学校开展的各级、各类体育竞赛也主要以西方竞技体育项目为主，包括三大球类项目和田径、游泳等项目的比赛，其示范和激励效能使各学校仅热衷于开展对应的比赛项目，师生缺乏参与民族传统体育运动的积极性，造成我国学校民族传统体育教学的开展并不乐观。在接受调查的学校中，其校内年度竞赛计划中均会开展以西方竞技体育项目为主的多项比赛，而开展民族传统体育项目比赛的学校寥寥无几。

（六）受西方竞技体育文化的冲击较大

在国际体育一体化的新时期，西方体育对我国民族传统体育的发展产生了巨大的冲击。

我国幅员辽阔，少数民族的分布也较为广泛，这就使得民族传统体育的发展存在地域上的不平衡，也制约着学校民族传统体育教学的普遍开展，再加上以奥林匹克运动为主流的现代体育的强烈冲击，许多学校将竞技体育作为主要的教学内容，并且将其作为提升自身品牌的手段。很多学生也倾向于选择现代体育运动项目作为健身和娱乐手段，而对民族传统体育项目的学习兴趣不高。

二、民族传统体育课程建设的对策

（一）提高对民族传统体育的认识

为使我国学校民族传统体育进一步发展和加快传承民族传统文化，需要提高认识、转变思想观念。具体来说，应该从以下几个方面入手。

第一，学校领导提高对民族传统体育教学的重视程度，充分认识到民族传统体育的多元功能和作用。解放思想、深入改革，将学校开展民族传统体育的重要意义明确下来，转变观念，加大民族传统体育教学的比重，使学校民族传统体育在学校体育中获得应有的地位。

第二，学校体育教师应该对旧的教学观念和课程理念进行转变，进一步加强对民族传统体育知识的学习，在教学中，从实际出发，遵循民族传统体育特殊的教学特点和教学原则，有针对性地选择适当的教学方法，从而达到提高民族传统体育教学质量的目的。

第三，民族传统体育项目有着非常丰富的内涵，这就要求促进学校民族传统体育教学内容的不断丰富，走出单一模式的限制。

第四，用新观念、新思想来认识、研究、推广民族传统体育，以取得理想的民族传统体育的发展效果。

（二）明确民族传统体育发展方向

民族传统体育取得更好发展的重要条件是在战略上给予高度重视，认清民族传统体育发展的方向。在现代体育全球化发展的同时，民族传统体育受到西方体育文化越来越多的冲击，这就要求我们要肩负起推动民族传统体育传承的历史重担，采取相应的积极措施，切实搞好民族传统体育文化的传承和发展，促进其全面发展。

学校是促进民族传统体育传承与发展的重要场所，这就要求各相关部门积极努力挖掘地方民族体育资源和特色项目，并且将这些民族传统体育引入学校体育教育课堂中，使学生有更多的机会受到民族传统体育文化的教育和熏陶。

（三）推进民族传统体育课程改革

目前，我国大多数学校的体育课年限较短，为解决这一问题，可以在适当延长体育课年限的基础上，对高年级学生采用必选课的形式进行课程或俱乐部教学，并以学分制的办法进行管理，这样可以大大增加学生对民族传统体育的学练时间，使学生扎实掌握锻炼方法以及确保民族传统体育在学校开展的效果。

民族传统体育课程改革要以市场为导向，这是民族传统体育课程改革顺利进行的重要保障。课程设置狭窄、内容单一是目前我国民族传统体育课程存在的主要问题，这一问题使得人才的培养与社会的需求相脱离，阻碍了民族传统体育在学校的开展。因此，从社会的需要出发，科学、合理地设置课程，从而培养出高素质、社会需要的人才。

三、民族传统体育典型课程建设

（一）武术课程的建设

1. 存在的问题

目前，我国学校传统武术教学课程设置存在一些需要解决的问题，主要表现在以下几个方面。

（1）没有将武术的精髓充分体现出来

一般来说，传统武术的精髓主要体现在传统武术的精神文化内涵方面，而并非武术的外在形式方面。传统武术具有悠久的历史，源远流长。学校武术课程的设置，不仅要使学生的身体素质和健康水平得到有效提高，还要达到使学生体会到武术的文化内涵和尚武精神的目的。没有文化内涵和精神的武术不是真正意义上的武术，不能将武术的真谛充分展现出来，这是目前学校武术课程设置中普遍存在的问题。

（2）教学方法的灵活性和多样性较为欠缺

在武术教学方法方面，存在着较大问题。具体来说，主要表现为理论与实践相脱节，教学手段单一、呆板等。这种教学现状能够使学生对基本的套路动作有一定的了解，但对武术的理论知识并不了解，从而影响和制约了学生学习的积极性，使他们难以取得理想的教学效果。教师在教学过程中要遵循理论联系实际的原则，采取创新的教学方法，提高学生学习武术的积极性。

（3）武术课程的教学模式存在缺陷

在学校武术课程中，主要的教学内容有太极拳、散手以及长拳等，课程的时间通常为18个学时，多的有36学时。这种教学模式存在着较大的缺陷，没有遵循武术课程教学的宗旨，不仅会对武术的发展和传播产生不利的影响，而且还会在一定程度上影响学校武术课的开展。在未来的武术课程教学中，要改变固有的教学模式，创新出符合学生特点和当前教学实际的模式，这样才能有利于武术教学质量的提高。

（4）配套设施还有待进一步完善

许多高等院校开设了武术课程，但是与武术课程相适应的师资、器材场地、教材的配套等最基础的条件不到位。目前，这种状况在短时间内不会得到改善。

2. 对策

（1）拓展学校武术课程的类型、内容和教学方法

通常情况下，普通学校武术课程类型以选项课为主，形式较为单一。对此，建议普通学校根据各自的实际情况，有针对性、目的性地拓展武术课程类型，使课内、课外一体化教学得到进一步加强，进而使普通学校武术课程结构得到进一步完善。

在学校武术课程的内容方面，普通学校通常将套路运动作为主要内容，但是根据调查来看，格斗运动越来越引起学生的兴趣。为了满足学生的愿望，顺应武术教学的这一发展趋势，建议普通学校武术课程将格斗运动列入教学内容中。这不仅丰富了普通学校武术课程的内容，而且还能够提高学生对武术课程的兴趣和学习积极性。

在武术教学中，对武术套路教学方法的改革是提高武术教学质量的重要手段。在武术教学过程中，通过多种形式的改革，改

进教学的手段,从而促进学生的全面发展。

(2) 加强对学校武术专业教材的建设

教材内容的选择应做到符合实际,注重基本功和基本技术的学练。武术套路教材较多,作为学校体育部门,要选择最符合学生和授课实际的教材。

(3) 促进学生树立终身体育意识

随着社会的发展和进步,学校体育逐渐由传统的体育教学观念转变为重视全面发展的人才的培养和体育终身意识的培养。

武术套路教学活动是教师和学生的互动,学生在教师的指导下,积极主动地学习和掌握各种武术技能和知识,达到增强体质、继承和弘扬民族武术文化的目的。在武术套路教学中,学生通过学习和掌握相应的动作套路,明确其攻防的格斗技巧,既可以增强体质健康和身体素质,又能够培养顽强和勇敢的意志品质。

通过武术套路教学,应使学生能够学以致用,使其能够在以后的工作和生活中运用所学的知识和动作技能进行相应的健身锻炼。武术课程教学应注重培养学生的终身体育意识,在促进武术文化继承和发展的同时,促进学生健身意识的培养。

(4) 促进学生民族精神和爱国热情的培养

在武术教学过程中,教师还应注意加强学生的武德修养,传授学生基本的武术礼仪知识,以武术为出发点,促进学生对中国传统文化的认知和理解,培养学生的民族精神和爱国热情。

武德教育应贯穿于武术教学的始终,并注重培养学生对武术文化的兴趣,达到武术套路教学的目的。另外,在教学过程中,应让学生更多地了解武术所包含的内涵,使学生的心态、情操、武德等得到全面升华,促进学校武术教学质量的提高。

(5) 充分发挥学校武术协会的作用

学生体育协会是在学生会体育部领导下,在体育教学部指导下开展工作,是学生群众性体育组织。学校体育协会既为广大的体育爱好者提供了发挥自己特长的舞台,也是对业余训练空白的填补。在一些学校中会有相应的武术协会,这些学生组织对于学校武术的推动具有重要的意义和作用。

(二)太极拳课程的建设

1. 存在的不足

第一,目前来看,我国很多学校的太极拳教师的基本素质都不是很高,大多数教师都是“外行教外行”,教师内容陈旧,教学方法和手段比较枯燥,难以激发学生学习的积极性。太极拳是一项有着深刻内涵、技术比较复杂的传统体育项目,如果没有专业的教师传授太极拳知识与技能,学生将很难领悟太极拳的真谛,对太极拳教学课程的质量将产生不利影响。

第二,太极拳进入学校体育课程的时间并不是很长,因此关于太极拳的专门教材比较缺乏,这成为制约学校太极拳课程开展的重要因素之一。没有教材或者教材质量不高都会影响教师对太极拳知识与技能的传授,大多数教师都是依靠自身的能力和经验教授学生,没有一个统一的、科学的考核标准,这对于学生的学习是非常不利的。

第三,总体上来看,目前我国学校太极拳教学的目的还很不明确,内容设置不是很合理,传统的尚武崇德的精神内涵在教学过程中没有得到彰显,一些技术套路教学不是很规范,学生往往只是在教师的指引下机械地完成教学任务,所做的太极拳动作非常死板、僵硬、毫无美感,甚至有一部分学生厌倦武术套路课,这成为制约学校太极拳教学课程开展的重要因素。

2. 对策

(1)改进太极拳课程教学内容

目前的太极拳套路动作非常徐缓,而处于青春期的学生大都活泼好动,太极拳的徐缓动作不符合学生的生理特征,难以引起学生学习的兴趣。因此,在学校太极拳课程教学中,有必要在太极拳固有套路的基础上加以改进，以充分展现太极拳应有的竞技魅力，其中最能够体现这一特点的太极拳技术以推手最为明显。因此，各学校可以根据本校的具体实际在太极拳课程教学中引进推手教学的内容。大量的实践证明，在太极拳课程教学中采取套路和推手共同教学的方式，能充分调动学生学习的积极性，吸引众多的学生参与到太极拳选修课的学习中，这对于学校太极拳教学课程质量的提高以及太极拳的传承与发展都具有重要的意义。

(2) 科学运用多媒体手段教学

随着现代科学技术的快速发展，一些现代教学手段都已进入学校课堂之中，这对于教学质量的提高是非常有利的。在教学过程中，最具革命化的变革就是多媒体教学手段的引进。因此，为了提高太极拳教学课的质量，也可以引入多媒体教学手段，如通过视频播放太极拳运动员和太极拳名家的表演，通过视频学生可以建立直观的动作表象，更加深刻地感受到太极拳的魅力，从而产生学习太极拳的兴趣，这对于学生是一种最好的吸引。另外，在太极拳教学过程中，教师还应注意配乐的使用和队形的变化，让学生乐在其中，而不是枯燥地模仿，努力营造一个和谐、健康的学习氛围，这对于教学质量的提高是非常有利的。

(3) 加强太极拳专业教材的编写

第一，从传统文化出发，结合太极拳涉及的哲学、伦理学、运动美学、军事、医学养生等方面创编出富有民族特色、适合学校体育教学的太极拳运动教材。

第二，传统的太极拳教材主要包括桩功、步伐、手型、基本动作等内容，新的太极拳教材可以介绍五大流派太极拳的演变以及简单的 8 式、16 式、24 式太极拳的基本套路，也可以结合学生的身心特点及实际创编出适合学生练习的太极拳套路。

第三，由太极拳演变出的一些器械套路，如太极剑、太极扇、太极刀等，都能丰富教材的知识面和拓宽视野。

第三节 田径课程建设与发展

我国普通学校教材内容中田径内容所占比率显示，田径内容只占到总教材内容的6%，田径课程在学校中的普及度不容乐观。通过对一些学校关于田径运动选项课程冷门因素的分析得出，主要有两个原因：选项课程人数少和场地器材不足。针对这两个原因具有以下分析。

一、田径课程所面临的危机

田径一直是我国高校体育教学大纲中的重要内容。在传统的教学中，田径运动一直是体育运动项目的基础，因此课程所占的比例很大，国家相关部门对田径教学内容非常重视，进行了多次改革和完善。随着社会、经济、教育的发展，体育教学的改革逐渐倾向于学生运动兴趣，并为此开设了多种运动项目。这种模式对拓展学生能力、发展学生潜力具有很大的影响。但是，该模式在实践过程中也显现出了一些问题。一些时尚流行的运动项目广受学生青睐，如健美操、乒乓球、羽毛球、体育舞蹈、游泳等；而作为学生运动基础的田径运动则逐渐成为冷门课程。田径运动面临着逐步萎缩的危机，并且有从教学内容中消失的趋势。

由此可见，我国学校体育教育改革以来，田径运动课程教学面临着巨大的压力。因此，应对我国学校田径运动课程设置的现状进行分析研究，使田径课程在我国学校体育课程中发挥其应有的作用。

二、田径课程设置现状

现在，田径课程发生了非常大的变化，田径运动课程逐渐淡出了必修课内容，甚至有很多学校取消了田径课程的开设。究其原因，大致是田径课程教学内容竞技化过浓、教学方法单一、运动训练枯燥无味、考核标准缺乏针对性等。下面对我国学校田径课程设置状况进行深入分析。

（一）未开设田径课程的状况分析

1. 教师调查

教师是实施田径课程的实践者和验证实践效果的见证者，也是体育教学的引导者、促进者、管理者。对教师进行田径课程未开设原因调查是分析田径课程现状的最有利依据。具体的调查结果见表 7-1。

表 7-1　　教师对未开设田径课的原因调查

选项	百分比/%	选项	百分比/%
选课人数少	77.42	枯燥无味	70.97
教学模式单一、无创新	48.39	健身价值可用其他项目代替	45.16
技术难度大，不易学习	25.81	容易发生伤害事故	22.58
要求身体素质较高	22.58	对今后无用	19.35
教学重竞技轻健身	12.90	场地器材不足	12.90
考试要求条件高	9.68	领导不重视	6.45
内容多而复杂	3.23		

2. 行政管理者调查

针对未开设田径课程学校的行政管理者（领导）调查显示，未开设的原因主要有田径课程太枯燥无味，学生选课的人数太少，教学模式单一、无创新，学生怕苦怕累等，具体见表 7-2。

表 7-2　行政管理者对未开设田径课原因的调查

选项	百分比/%	选项	百分比/%
田径课程太枯燥无味	83.33	学生选课的人数太少	58.33
学生怕苦怕累	50.00	教学模式单一、无创新	50.00
健身价值可用其他项目代替	41.67	考核评价方法不合理	8.33
场地器材不足	8.33		

从对教师和行政管理者的调查表明，田径课程设置本身就存在缺陷，而且也证明了对田径运动价值的挖掘还不够，偏重于竞技性而忽视了健身性。这两方面的问题是学校田径教学课程设置改革所需要考虑的重要问题。

（二）开设田径课程的状况分析

根据对开设田径课程的学校的调查，从田径课程开课形式、教学时数、教学理论课、技术理论课、教材、教学场地器材等几个方面对田径课程的现状进行分析研究。

1. 田径课程开课形式分析

对田径课程开课形式的调查研究显示，大部分田径课程开课的学校在学校一年级开设田径必修课比例较高，开设田径选修课比例较少，见表 7-3。表 7-3 的数据表明，在开设田径课程的学校，田径课程比较受重视。

表 7-3　田径课开课形式调查表

选项	百分比/%
一年级必修，二年级选项，三、四年级选修	53.57
一、二年级必修，三、四年级选修	26.78
一、二年级选项，三、四年级选修	14.29
其他	5.36

对学生的调查显示，除了学校开设田径运动必修课学生不得

不选，在选修课中仅有极少的学生选择了田径课。也就是说，学校若不开设田径运动必修课，很少会有学生主动选择学习田径运动。

2. 田径课程教学时数状况分析

学校田径运动课程的开展是以学时划分的，因而田径课程教学时数是课程设置的重要内容。

（1）实践课程时数状况

对田径实践课程设置的时数调查显示，学校田径运动一般设短跑、接力跑、中长跑、跳远、推铅球等项目，教学时数一般为 12～20 学时，每个项目的平均学时不超过 5 个学时。

由此可见，我国大部分学校的田径课程设置教学时数偏少，远远不能满足田径技术的教学需要。

（2）理论课程时数状况

大多数学校每学期只有 2 学时理论课安排，甚至有少数学校理论课只占 1 学时。由此可见，在高校田径课程设置中，理论与实践内容课时安排存在严重的不合理现象。运动实践需要以理论知识作为指导，不能轻视理论知识的教学。相关调查资料显示，学校体育教师多数认为田径运动课程设置理论与实践教学内容课时比例应该为 7∶3。

3. 田径课程教学理论课状况分析

在国家体育改革制度中，明确表示要注重理论与实践的结合，扩大学生知识面和认知能力。但大部分开设田径运动课程的学校，对理论知识教学并不重视，田径课程教学理论课现状具体分析如下。

大部分学校的田径课程教学理论课的内容主要以田径运动简介、田径运动特点及锻炼价值、现代田径运动发展趋势三方面为主，明显不能满足田径运动理论知识教学需要，更无法让学生接受更多有关田径健身功能的知识，加深对田径课程的理解。

另外，高校田径理论课的授课形式调查情况见表7-4。

表7-4　　学校田径课程教学理论内容的授课形式情况

选项	百分比/%
集中授课	100
学生自学为主	2.70
专题形式	2.70
专家讲座	16.22
撰写论文	8.11
看录像	18.92

从表7-4中可以看出，集中授课是学校田径运动最主要的授课形式。有小部分学校会采用专家讲座、看录像等授课形式。集中授课的教学形式非常容易导致学生被动学习，影响学生学习田径的积极性。在学校田径课程设置中，应该适当调整授课形式，多采用一些新方法，如多媒体教学，制作大量的动画、图片等课件，观看国家或国际优秀运动员的录像等。这样能够调动学生学习的积极性，让学生主动参与到田径运动学习中来，提高教师教学的质量。

对教学内容进行理论考核也是非常有必要的。理论考核不仅能检查理论知识水平，也是教师教学质量检测和反馈的重要手段，对学生的学习具有重要的指导作用。常采用的考核方式包括课堂提问、作业、阶段考查积分等形式。

4. 田径课程教学技术理论课状况分析

(1) 课程内容分析

在我国学校田径课程技术教学中，教学内容主要包括短跑(接力跑)、中长跑、跳远、铅球、跳高、跨栏跑、标枪等，而掷铁饼、标枪、链球等项目开设较少。我国学校田径课程主要开设的项目，能在一定程度上满足学校学生发展跑、跳、投的能力。但是，其也存在一些问题,如课程内容设置偏旧、简单化,不能将技术与学生身体素质训练相结合等。高校田径运动实践教学内容比较单一、片面、枯燥,不能调动学生的运动积极性。

(2) 教学组织形式、方法及手段分析

田径技术教学组织形式、方法及手段是学校田径运动课程教学开展的基础,教学内容的选择、教学组织形式的安排和教学方法的运用等的合理与否对教学效果影响非常大。

在学校田径课程教学中,教学方法和手段是教师教与学生学的桥梁,若没有科学的教学方法与现代化的教学手段,就很难保证获得良好的教学效果。就目前学校田径课程教学的情况来看,田径实践内容的教学方法和手段存在一定的问题,如比较陈旧、单一、缺乏创新等,这些问题也是一些学生不喜欢上田径课的原因之一。

(3) 教学内容考核评价分析

我国学校田径课程技术教学内容考核主要以“技评+达标”和达标两种方式为主,将运动成绩作为考核和评价的依据,以运动素质代替身心素质,这脱离了体育教育的主要目标。

每位学生都有各自的特点,学习态度和进步幅度也有很大的差异性。在对学校田径课程技术教学内容评价设置方面,要适当变革,可以采用学生自评、互评和教师评定等方式进行。需要注意的是,评价中要淡化甄别、选拔功能,强化激励、发展功能,重视学生的进步幅度,另外还要重视评价信息的反馈,以帮助学生了解今后的学习方向。

5. 田径课程教学教材状况分析

教材是教学活动实施的基础,是教师教和学生学的主要依据。学校田径课程教学不能离开教材,教材是向学生传授知识、培养学生能力和思想品德教育的载体,教材对课程设置有着重要的作用。下面通过对教材选用和教材适用两种情况的分析来说明教学教材在学校田径课程中的状况。

（1）教材选用情况

有关调查显示，我国学校全国统编教材、自编教材、统编与自编结合、无专用教材四种情况的比例是4：2：2：2。这一数据表明，有大部分学校并不能根据本校的情况合理适配教材。

（2）教材适用情况

学校体育教师对所用田径课程教学教材满意度见表7-5所示，教师对使用统编教材有无必要调查见表7-6所示。

表7-5　学校体育教师对所用田径课程教材满意度

满意程度	所占比例/%
教材非常适用	14.29
教材大部分适用	46.43
教材适用情况一般	32.14
教材不太适用	7.14

表7-6　教师对使用统编教材有无必要调查

态度	比例/%
很有必要	32.4
较有必要	39.9
认为一般	16.7
不太有必要	11

对表7-5与表7-6两份调查数据分析可以看出，我国学校田径课程教学的教材整体上是适用的。但是，为了满足学生发展的需要，应该对教材进行改革，构建有学校特色的、适合学校实际情况的田径课程新体系。

6. 田径课程教学场地器材状况分析

场地器材是学校田径课程教学课实施的基本保障之一。如果没有充足的场地器材，田径课将难以取得理想效果。调查显示，近80%的学校场地器材能满足学校田径课程教学使用。对那些场地器材难以保证田径课程教学正常开展的学校，应当加强场地器材的建设。

三、田径课程改革对策

从学校田径运动课程设置的现状中了解到田径课程逐渐淡化的原因主要有竞技化过浓、教学方法单一、运动训练枯燥无味、考核标准缺乏针对性等。因此，针对这些问题，所采取的对策主要有以下几点。

(1) 传统的田径运动课程内容强调竞技性，这让田径变得枯燥、单一、乏味。学校田径课程的教学目的并不是把每位学生都培养成竞赛冠军，而是要凸显田径的健身功能。因此，在田径课程设置改革中要强调田径运动的健身性，并结合田径运动的竞技特点或游戏练习等，提高学生的兴趣，锻炼学生的吃苦耐劳、勇于超越自我极限的精神，保持"健康第一"的思想观念。

(2) 学生身心健康状态调查显示，学生的身心综合素质处于逐年下降的状态。这是社会条件影响的结果。田径运动是众多运动项目中最能提高身心综合素质的运动项目。虽然枯燥，缺乏趣味性，学习训练也要比球类运动等项目艰苦、困难。正是因为如此，田径运动才具有其他运动项目所不具有的功能。要使我国的学校田径课程设置走出困境，并不断地发展，必须重建田径教学在体育教育中的影响力，拓展田径运动素质教育功能。

(3) 针对现代田径运动的现状，首先要让学生正确认识田径技术，田径运动不仅有能提高竞技能力的作用，还具有提高身体综合素质的作用，是体育运动的基础。因此，应从学生体质发展的角度出发，结合学生体质健康测试，来推动学校田径课程教学的发展。

(4) 加强教学管理，完善考核标准。从学生的特点和体育需要出发，注意学生在学习中的缺陷和不足，从而选择适合的教学训练方法和手段来引导学生学习训练。教师要根据田径项目特点适当提高训练的趣味性，并根据每位学生特点制订个人考核评价表，明确考核的标准。

第八章　新课标下学校体育课程建设的展望与思考

在高校教学体系中，体育课程是覆盖面最广、学时比例最多的课程。体育课程是学校确保人才培养质量的基本环节之一，是学校教育中不可或缺的重要组成部分。

第一节　我国学校体育课程改革与发展的战略性思考

一、高校公共体育发展与改革面临的挑战

目前，我国学校体育教育面临的挑战是如何尽早扭转青少年体质健康水平持续下降的现状，要解决这个问题需要全社会的努力和配合，当然学校体育是关键，而高校公共体育又是学校体育的重要环节，是反映我国青少年体质健康水平变化和学校体育工作成效的关键阶段。

由此，高校将面临比中小学更大的挑战，既要通过各种手段和办法扭转大学生体质水平下降的现状，同时还要对大学生进行体质健康管理教育，使大学生掌握身体健康管理的方法，掌握1～2项运动技能，为养成终身体育锻炼习惯打下基础。除此之外，高校公共体育还要准确评估大学生体质健康水平的变化，提出提高青少年体质健康水平的建议和办法，以引导中小学学校体育改进工作，提高效率，取得更大的成效。

大学新生的体质健康水平反映出中小学体育工作的成效，对

大学新生的体质健康水平的评估应该成为指导中小学体育工作的重要依据，应该成为高校公共体育的重要内容。要完成大学生体质健康水平的准确监测和评估，首先就要改变目前学校体育达标测试目的性过强的状况，而做好这项工作将面临极大的挑战。大学生体育习惯的养成包括以下方面的内容。

（1）要培养大学生体育锻炼的兴趣。

（2）要使大学生明白为什么进行体育锻炼。

（3）大学生要掌握体育锻炼的方法。

当然，每一个问题的解决都不是一件轻而易举的事，大学阶段毕竟时间短暂，中小学体育没有完成的工作不可能通过大学体育一蹴而就。但高校体育教育必须正视问题的存在，有责任面对青少年体质健康水平下降所堆积的各类问题，全力做好工作，从学校体育全局的角度，发挥高校公共体育在人、财、物等方面的优势，为我国学校体育工作发挥引领作用。

二、高校公共体育发展与改革的优势

高校公共体育与中小学校体育有着很大的不同，主要体现在以下几方面。

（1）大学具有较强的体育师资力量。目前大学具有硕士、博士学位和副高级以上职称的体育教师的比例明显提高，大学体育师资力量较以往明显增强。

（2）大学没有中小学的升学压力，大学生活有着较大的自主空间，而且大学管理者更容易从培养德、智、体全面发展人的角度认识体育的价值。因此，高校公共体育与中小学体育相比更容易得到学校的支持。

（3）大学普遍具备试办高水平运动队的条件。试办高水平运动队可以有效推动高校公共体育教学水平的提高，对大学生参与体育活动可产生积极的影响。

（4）大学广阔的校园面积和较为完善的体育场馆设施，为高校公共体育的开展提供了基础条件。

(5) 大学具有较大的办学自主权,可形成以兴趣培养为导向的丰富的体育课程体系内容。游泳、网球、武术、击剑、健美操、足球、篮球、乒乓球、板球等项目在大学的开展都较为普及,学生自主组织竞赛活动,体育社团及教工俱乐部活动活跃,课内外一体化理念特色易于落实。

(6) 高校公共体育具有良好的学术氛围。目前大学体育科研氛围日渐浓厚,科研立项的质与量明显提升,从事科学研究的教师比例逐渐增大,参与学术论文报告会投稿数量和录取比例不断增大,教师关注和参加专家学术讲座的积极性明显提高。

三、明确高校公共体育发展的愿景与目标

高校公共体育学科发展应全面贯彻党的教育方针,树立"以人为本、健康第一、全面发展、终身受益"的体育教育理念。通过体育教学和体育活动,促进学生体质健康水平的提高,使学生学会和掌握体育锻炼的方法和技能;培养学生团队精神、拼搏精神、百折不挠精神,使学生成为身心健康的合格人才,从而实现"健康工作五十年,健康生活一辈子"的理想愿景。

根据发展愿景,高校公共体育的发展应发挥大学综合学科的优势,以面向全体学生为宗旨,建立有特色的体育课程,开展大范围的群众体育活动,发挥高水平运动队对全体学生参与体育活动的引领作用,加强体育学科建设和科学研究,有条件的大学可以在培养高级体育专业人才方面发挥作用,努力提升学生体质健康水平,实现对学生体质健康的科学监测,形成各大学在公共体育学科建设中的特色,成为面向全体学生并服务于社会的公共体育特色学科。

四、确立高校公共体育发展的指导思想

大学体育应确立以提高大学生体质健康水平,掌握 1～2 项

运动技能，养成终身体育习惯为主攻方向的公共体育学科发展指导思想。通过加强体育师资队伍建设，提高体育教师的科学研究能力，搞好公共体育教学和开展好校园群体活动，提高高水平运动队的科学化训练水平，推动高校公共体育学科上水平，发挥公共体育学科在培养大学生全面发展中的重要作用。

五、创新高校公共体育教学改革思路

长期以来，学校体育教学经过不懈努力虽然取得了一些成果，但效果不明显，让学生掌握1～2项运动技能的承诺并没有实现，学生的体育兴趣依然没有被有效唤起。有些研究者认为，问题的关键在于学校体育教学改革的思路没有较明显突破，教学改革的手段与方法、教学的模式、课程的组织形式和内容、教师的授课方式等缺乏开拓与创新。

为此，必须确立以持续培养学生体育兴趣为导向的学校体育教学改革思路。兴趣是最好的老师，大学体育教学改革需要从充分满足学生兴趣入手，这是培养学生终身体育观念、养成锻炼习惯的需要。

(1) 新兴时尚体育项目层出不穷。当代大学生的体育兴趣是多样、动态、变化的，要全面适应大学生可能的体育兴趣点，就必须有意识、有计划、有目的地建立起可进可出的体育特色课程群，丰富课程内容，但对于增设的休闲体育课程，应加大教师教学培训力度，拓展教师的专项教学技能。

(2) 持续培养学生的体育兴趣。学生的兴趣项目一经确定，就要为学生提供学习的条件和营造学习的环境，经过大学课内外始终如一的专注练习，使学生掌握1～2项兴趣项目的运动技能，这是以持续培养学生体育兴趣为导向的高校公共体育教学改革的有效途径。这与以往提供学生选择和学习多个项目的大学体育课完全不同，它的最大优点是能集中学生的精力，使之在较短时间内形成一技之长，提高学生的满足感和成就感，并由此形成对该运动项目持续浓厚的兴趣。一旦有了体育兴趣，就很容易养成自觉的体育锻炼习惯，进而有效促进体质健康水平的提高。

（3）为学生开设健康教育和健康管理方法通识讲座，并通过体质健康水平评价实验课，让学生提高思想认识，掌握方法，促进体质健康水平的提高。

（4）努力建设学校体育教学与管理的信息化服务平台，在有条件的场馆、场地引入现代教育技术手段和教学训练，以突破传统体育教学模式。使用生动、形象、直观的视频教学辅助手段，为学生的课内学习、课外活动和社团体育活动提供便利的条件，激发学生的学习热情，培养体育的兴趣。

六、加强大学体育社团建设与发展

大学生体育社团或体育俱乐部已成为推动大学体育工作的重要抓手，是落实课内外一体化理念的重要手段。我们知道，体育课堂教学时间有限，教学内容的局限性较大，运动技能的掌握仅靠课堂教学的有限时间是远远不够的。体育社团或体育俱乐部是学生自愿参加的体育兴趣组织，进入体育社团的学生通常都是对该体育项目比较有兴趣的同学，比较容易形成自觉锻炼的行为。通常，体育社团或体育俱乐部的活动都是在课外，活动时间安排、活动时间的长短比较灵活，不需要教师强制性的管理和过多的投入，只需要进行有效引导。通过体育社团或体育俱乐部活动，学生可以有效强化课堂上学习的内容，有助于学生熟练掌握运动技能，养成终身体育锻炼的习惯。

因此，高校要采取多种手段，有效促进体育课堂教学与体育社团联动发展，体育社团应在体育辅导教师的引导下，自主组织活动。

大学生体育社团或体育俱乐部是培养大学生体育兴趣的有效载体，通过这一载体可有效落实课内外一体化的教学理念。为此，学校要有计划地加大体育社团或俱乐部的人力、财力、物力投入，提供活动必需的场地，制订各项管理制度及配套措施。

七、重新审视高校公共体育师资队伍建设

目前，大学体育师资队伍的结构逐渐发生变化，由单一技能型开始向复合型的方向转变，部分高校公共体育已开始与学校优势学科相结合，通过学科交叉，在体育人文、体育管理、体育材料、运动生物力学、体育工程等方向上形成了公共体育学科特色，相应录用和引进了具有相关学科知识结构的师资人才。随着学生体质健康监测与运动干预的逐渐加强，具有生理、生化、医学等知识结构的专门人才开始进入高校公共体育师资队伍，复合型师资队伍的特征愈发明显。

当前，高校公共体育已不再是“把体育课上好”的简单概念，围绕学生体质健康促进及学生体育兴趣的培养，需要在教学改革、课外体育社团、科学研究与探索、特色体育人才培养、校园体育文化建设等多个方面开展工作，提升公共体育学科地位。调查发现，已有学校开始确定自身的公共体育学科发展重点方向，并按发展的重点方向规划5～10年的师资队伍建设目标，重点方向涉及高校体育教学改革与体育社团促进、体育人文与城市发展、时尚与传统体育、体育与新材料、大学生体质健康与促进、体育建筑与设计等。

八、促进大学校园体育文化大繁荣

大学校园体育文化是校园文化建设的重要组成部分，对营造“德、智、体”全面发展人才培养的氛围、丰富文化体育生活、养成文明的生活方式、树立自强不息和团结协作的价值取向具有重要影响。体育是培养全面发展人才的重要组成部分，不仅在促进大学生体质健康上发挥作用，而且也将全面影响大学生的素质教育。大学校园体育文化的建设不是一朝一夕的事情，它是一项系

统工程。

(1) 形成校园特色体育项目。校园特色体育项目的高度普及和制度化管理，最容易形成校园体育特色。通过打造特色体育项目的品牌，形成在同行中的影响力，吸引更多的学生参与，形成项目更大的普及力和影响力。在进行项目推广的过程中，如果能结合运动项目自身蕴涵的文化加大宣传力度，将会起到更好的效果，如高尔夫、网球的诚信与修养，跆拳道的规范与礼仪，马拉松的坚持不懈等。

(2) 打造校园体育标志性建筑品牌，扩大校园体育宣传的覆盖面。良好的体育场馆条件和标志性体育建筑是校园体育文化建设和宣传的最好载体，围绕标志性体育建筑，举办丰富多样的体育竞赛活动是对校园体育的最好宣传。特别要注重有组织、有计划地开展各类以图片、视频、文字、标语、雕塑、实物展等为主要内容的宣传，形成全年度、全方位、多形式的校园体育宣传系列，覆盖全校园，覆盖全年度，是扩大校园体育文化影响力的策略。为此，建议大学体育工作应与校宣传部门联合组建校园体育文化推广团队，制订推广规划，确立校园体育文化推广特色，建立可持续推广校园体育文化的长效机制。

(3) 承接高水平的体育竞赛及体育展示活动。近年来，随着大学校园体育场地设施的不断完善，许多学校已具备了承办高水平体育竞赛活动的硬件条件，部分大学已开始尝试有选择地引进高水平的赛事进入高校校园。随着高水平的赛事进入校园，可以使大学生更近距离地接触和感受运动员的拼搏精神，扩大体育精神在校园文化建设中的渗透力。除此以外，大学还可以利用体育场馆的优势，承办一些以体育为主题的展示和项目推广活动，让体育的每一个元素都能对大学生产生影响。

(4) 充分发挥高水平运动队的影响力。目前，大学的高水平运动队建设过于单一，往往只重视成绩的取得，在校园网上及时发布消息或发布海报，而在后续深入宣传方面并没有太多的手段。通过校园体育明星巡回展、年度最有影响力体育社团评选、开辟校园体育角等手段，使高水平运动队的影响力扩散到全校的每一名学生中，使每一位学生在追求卓越、自强不息、敢于攀登、直面困难、团结协作等层面充分感受体育运动所具有的魅力。

九、转变大学生体质健康监测与运动干预方式

当前，我国学生体质健康状况不容乐观，主要体现在营养过剩和营养不良的问题同时存在。据我国青少年生长发育与营养状况调查报道可知，5 岁以下儿童生长迟缓率 14.3%；3～12 岁儿童维生素 A 缺乏率 9.3%；人群贫血患病率 15.2%；人群超重率 17.6%，肥胖率 5.6%。据中国营养学会调查，近年来，高血压、糖尿病、肥胖症等慢性病发病率呈上升趋势。

据卫生局对学生体质健康的调查显示，我国学生体质健康问题主要表现在以下三个方面。

(1) 视力不良率逐年上升，大中学生视力不良者占 80% 以上。

(2) 肥胖儿童越来越多，其中 16～18 岁学生肥胖率最高。

(3) 机能水平有所降低，关节硬、肌肉软、动作不协调，耐力、爆发力、力量素质等指标较以前有了明显下降。

青少年时期的体质状况往往对成年后疾病的诱发造成直接影响，青少年肥胖极易引发成年后的心血管病，近视将导致发生眼疾概率增加，睡眠不足会影响智力发展、免疫力和耐力下降等。学生体质下降的总体规律中，受遗传影响较大的指标下降较少，而受体育运动影响的指标下降最为严重。这些现象又会集中反映在大学生人群中，因此大学生的体质水平可以作为青少年整体水平的重要体现，对大学生体质健康水平的有效监测和体育干预具有重大意义。

从目前情况看，围绕大学生体质健康与运动干预的研究已相当普遍，对大学生体质下降现状有了深刻认识，问题是如何通过实际的工作来改善大学生的体质不良状况。面对大学生体质健

康不佳的问题，多数学校已通过体育教学改革、加强课外群体活动、促进体育社团发展和发挥高水平运动队引领作用等多方面措施加以改善，但科学性、针对性还不够强，特别是对采取措施后实际效果的跟踪调查缺乏科学性，拿不出真实、有说服力的量化数据予以反馈，由此使得再干预的方向和干预重点显得比较盲目。

鉴于上述情况，应从以下三个方面来发展体质健康的监测工作。

（1）建立大学生体质监测与运动干预实验室，以实验室为工作平台，建立为大学生提供日常体质健康水平评价和运动干预的服务项目，作为日常工作内容为有需要的大学生提供服务，并以此积累监测数据，建立起大学生体质健康水平测试数据库。

（2）建立大学生体质健康监测会员制，定期监测大学生会员的体质健康变化和评价运动干预的效果，以提高运动干预水平，跟踪大学生在校期间的体质健康水平的变化，为大学体育教学改革提供依据。

（3）对于大学生体质健康的监测与运动干预，必须由研究转入实际操作，即通过采取多种体育手段和措施干预大学生体质健康状况的恶化趋势。

对于高校体育教育来说，应开展大学生体质监测与运动干预，准确监测大学生体质健康水平的变化规律，并通过合理、有效的运动干预促进大学生体质健康水平提升。学生体质健康监测与运动干预应作为高校体育教育的一项日常性工作，这一项工作要在学校的大力支持下，从可持续角度出发，建设好基础性硬件环境，培养和形成一支专业队伍，经过长期的实际工作，对学生的健康理念形成影响，从而促进学生体质健康水平的提升。

总之，扭转我国青少年体质健康水平持续下降的趋势是高校体育教育面临的一项重大挑战，大学体育有责任从学校体育的全局出发，充分发挥普通高等院校公共体育在人力、财力、物力等方面的优势，创新体育教学改革，创建以体育兴趣培养为导向的课程体育与教学模式，大力促进体育社团发展，科学评价大学生体质健康水平和实施有效的运动干预，树立“健康第一”的指导思想，明确高校公共体育发展愿景和工作目标，建设复合型师资队伍，尝试体育教师分层管理，努力打造高校公共体育特色团队，为我国学校体育工作发挥引领作用。

第二节　我国学校体育课程改革与发展的趋势探讨

一、课内外与校内外一体化

（一）课程资源的开发与利用为课内外与校内外一体化提供了可能

为了适应“课内外、校内外有机结合的课程结构”的需要，必须充分开发和利用体育课程内容资源。就人力资源而言，除体育教师外，要动员学校辅导员、校医、共青团与学生会的干部，以及体育特长生等方面的力量，充分发挥他们在高校体育教育中的作用。就课程时间而言，除体育课程计划规定的教学时间外，早晨、课间、课外、双休日、节假日的时间也要被充分利用起来。就课程的空间而言，将体育课程拓展到家庭、社区、少年宫、业余体校、体育俱乐部，以及江河、湖海、山林、草原、田野、沙滩等一切可以用来体育锻炼的地方，从而为高校体育课内外、校内外一体化提供可能。高校体育必须冲破课堂与校园的束缚，向课内外、校内外一体化的方向发展。

（二）大课程观为课内外与校内外一体化奠定了理论基础

现代课程论认为，课程是为实现课程目标在教师组织指导下的所有课内外活动的总和。大课程观的确立为高校体育走向课内外与校内外一体化奠定了理论基础。在新一轮的高校体育教学改革中，要从大课程观出发，将体育的课堂教学与课外、校外的体育活动包括运动训练纳入课程中，形成课内外、校内外有机结合的课程结构。课程结构的发展创新使体育课程与高校体育的界线更加模糊。因此,实施新的体育课程要求各级各类高校及体育教师不仅要认真做好课堂教学的各项工作,而且还要认真组织好课外与校外的多种多样的体育活动,以满足学生的不同需要。

(三)增进学生健康的需求将促进课内外与校内外一体化的进程

与体质健康相关的某些人体生理指标的提高,必须要有一定锻炼时间、量和强度的积累,如果每周体育活动的总量仅仅是每周一次的体育课,那么,通过体育教学提高学生某些生理机能的作用也是十分微小的。

我国大学生体质健康某些指标的持续下降引起了人们的广泛关注与高度重视。《中共中央国务院关于深化教育改革,全面推进素质教育的决定》强调指出:"学校教育要树立健康第一的指导思想,切实加强体育工作","确保学生体育课程和课外体育活动的时间"。"健康第一"不仅是高校体育教育的指导思想,更是高校体育与体育课程的指导思想。要贯彻落实这一指导思想,有效地增进学生的健康,增强学生体质,高校体育就必须扩大范围,从课内走向课外,从校内走向校外,走课内外、校内外一体化的整体改革的道路。所以,增进学生健康的需要必将有力地促进高校体育课内外、校内外一体化的进程。

二、逐步加强选择性与层次性

(一)课程管理体制的改革为加强高校体育的选择性创造了条件

在计划经济体制的影响下,我国的体育课程与体育教学基本上是实行统一管理的办法。由国家统一制定和颁发体育教学大纲或体育课程标准,规定统一的教学目标,统一的教材内容、教材比重与时数分配,统一的考核项目与评分标准。其选择性只局限在"选修教材"中,而且对"选修教材"的实施也做了诸多规定,因此各地各校的选择余地是非常狭窄的。

由于我国幅员辽阔，经济与教育发展极不平衡，体育课程资源的地域特点明显，因此在新一轮的基础教育课程改革中，我国试行了国家、地方和学校三级课程管理体制。在课程管理方面，国家只制订课程标准，提出课程目标，对课程内容不作硬性的具体规定，采取开放与放开的做法，仅对课程进行宏观管理。

课程标准如何贯彻实施，课程目标如何达成，课程内容如何制订，地方和高校完全可以根据自己的条件和特点自行选择，使体育课程的实施更符合各地各校的实际，更具有地域的特点。地方课程和校本课程则按国家课程计划的规定，由各地、各校根据实际需要和条件设置，完全由地方或高校自行管理。

（二）高校公共体育教育将体现地域特点与高校特色

由于体育课程的选择性不断加大，各地区和各高校只要遵循体育课程标准中规定的“选择教学内容的基本要求”，就可以根据自己所具有的课程资源、地理条件、气候特点、体育传统等条件，独立自主地选择符合自己实际的、广大学生喜闻乐见的体育课程内容与课外体育活动及课余训练内容，使高校体育呈现出鲜明的地域特色与高校特色。

（三）层次性将成为贯彻区别对待的重要形式

新体育课程标准中特别强调：“关注个体差异与不同需求，确保每一位学生受益。”为此，在体育教学中，必须遵守因材施教、区别对待的原则。然而，由于我国教育还欠发达，基本都在采取大班教学的形式，要完全实施个性化教学目前尚有一定的困难。因此，根据个性化教学的基本思想，采用分层次教学就成了实施因材施教、区别对待的重要形式。所谓分层次教学，就是根据学生的身体条件与运动技能，把一个教学班的学生分成若干个层次，按层次确定学习目标和评价方法，采用不同的教学策略，从而保证绝大多数学生都能完成课程学习目标。分层次教学的做法还将广泛地运用于课外体育活动与运动竞赛中。

三、体育教学组织形式更加多样

（一）教学内容、形式的多样性

为了满足学生不同的、多种多样的体育需求，高校体育的内容必将朝着多样化的方向发展。

（1）能反映时代特征的现代体育项目越来越受到学生的喜爱，如足球、篮球、跆拳道、攀岩、体育舞蹈等。此类项目极富挑战性，有利于发展学生个性，符合大学生的身心特点，能较好地满足学生实现自身价值和加强社会交往的需求。

（2）休闲体育项目越来越受到学生的青睐，如网球、羽毛球、乒乓球、台球、保龄球、游泳、轮滑、滑板等。此类项目具有较高的技术含量，具有很强的娱乐性，运动量可自行安排，能满足学生愉悦身心的需求。

（3）个体健身类的体育项目越来越受到学生广泛关注，如健美运动、发展肌肉练习、越野跑、健身操、远足、山地自行车等。此类项目可以个人进行锻炼，受制因素少，学校里面和校外都可以进行，简便有效，能较好地满足学生的健身需求。

（4）民族、民间体育将进一步被开发，丰富高校体育教育的内容。如以武术与导引养生为代表的民族传统体育及跳绳、踢毽子、跳方格、跳竹竿、跳皮筋、荡秋千、滚铁环、爬竹竿等民间体育，将作为高校体育资源与体育课程资源被广泛开发与利用，以满足学生健身、娱乐等多种需求。

综上所述，为了适应学生个体的体育需求，在未来的高校体育中，健身、健美、娱乐、竞技与民族民间体育都将得到有效的发展，特别是健身、健美与娱乐体育，有可能成为高校体育内容的三大支柱。

（二）学生个体体育需要的多样性

体育课程标准要求我们要关注学生不同的体育需求，满足学生自我发展的需要。但不同的学生具有不同的体育需求，而且同一学生的体育需求也是多种多样的，如有健身需求、健美需求、娱乐需求、发展体育特长的需求、调节身心的需求等。学生个体体育需求的多样性是高校体育课多样性的原动力。

（三）组织高校公共体育课教学形式的多样性

由于高校学生体育主体意识的不断加强，高校公共体育教学的形式必将发生相应变化。

1．体育社团将在高校中得到发展

高校体育社团是由学生自己组织、自己管理、自由参加的群众性体育团体。一般由学生会、团委发起组织，得到高校体育教研部门的支持和指导，大多以单项体育协会的形式出现，如篮球协会、游泳协会、网球协会、健美协会等。学生根据协会章程，自愿报名参加，交纳一定的会费，民主选举管理人员。

学生体育社团还有全国性的综合体育团体，如全国大学生体育协会，其主要任务是负责组织相同级别的学生开展体育竞赛，它们与基层高校的单项体育协会一般没有领导与被领导的关系。

2．体育俱乐部将成为高校体育的重要组织形式

为了适应大学生的不同体育需要，高等院校将根据自身的条件，组织多种多样的体育俱乐部。这些体育俱乐部大致可以分为两大类：一类是以发展学生体育特长、提高运动技术水平为目的的竞技体育俱乐部；另一类是以健身、健美、娱乐为目的的群众性体育俱乐部。

3．非正式学生体育群体将越来越活跃

非正式学生体育群体具有如下一些特点。

（1）从组成成员看，年龄相近，多为同年级学生。一般为三五人，多则十人左右，逐渐形成相对固定的群体成员，即为“内群”，对“外群”具有一定的拒斥。新成员的加入须得到大多数人特别是“领袖”人物的认可。

（2）从形成的纽带看，是在共同的体育爱好的基础上自发建立起来的。

（3）从群体控制方式看，并不存在正式的控制手段，而依赖于大家约定俗成的习惯及浓厚的感情来维系。高校中的一切非正式群体都具有正向与负向功能。如果不加引导或引导不当，则具有一定消极性或破坏性。

（4）从活动方式看，是以直接的面对面互动来进行的，并在长期活动中自然形成相对固定的角色分工。

在高校课外体育活动与节假日体育活动中，非正式学生体育群体的活动已经相当活跃，而且必将越来越活跃。如果引导和运用得法，将为高校体育注入新的活力，还将成为体育教学与课外体育活动的一种有效的组织形式。

4. 集中统一与小型多样的有机结合

高校公共体育课教学，将向自主确定锻炼目标、自主选择锻炼内容、自主组织锻炼的方向发展，因此高校体育的组织形式将出现多样化和小型化的特点。根据我国的国情和高校的实际，一些传统的行之有效的高校体育组织形式还将被广泛采用，如定期组织全校性的会操、运动会、体育节，或以班级为单位组织的郊游、远足、野营等。

四、为提高学生整体健康服务

在高校公共体育课教学中，对于如何贯彻落实“健康第一”的指导思想存在着各种不同的认识和理解。例如，有人认为不生病就是健康，贯彻“健康第一”的指导思想就是要全力发展学生的身体素质，提高学生体质健康标准的及格率；也有人轻视或反对把通过体育来提高学生的心理发展水平与社会适应能力作为高校体育教学的目标；还有一些人把增强学生体质和为学生终身体育打基础割裂开来和对立起来。如此种种，影响和干扰了“健康第一”指导思想的全面贯彻。

世界卫生组织对健康的定义是：“健康不仅是指没有疾病和不虚弱，而且包括身体的、心理的和社会的健全状态。”这是最有权威的定义。它摆脱了生物健康观的束缚，确立了生物、心理、社会相结合的多维健康观。多维健康观的确立反映了科学的发展和社会的进步，深刻地揭示了健康的内涵。这对于我们全面贯彻“健康第一”的指导思想，深化高校体育改革，具有重要的指导意义。

（一）为提高学生的心理发展水平服务

心理发展水平包括心理健康水平和心理素质水平。心理健康主要是指智力发展水平、情绪状态、行为反应与心理适应能力等；心理素质主要是指自尊心、自信心、意志品质、自我心理调节能力等。心理健康与心理素质和人的生理健康是密切相关的。

随着时代的发展，人们把提高学生的心理发展水平作为实施素质教育的一项重要目标。因此，提高学生的心理发展水平不仅是提高学生整体健康水平的一个重要方面，而且也是现代社会对高校体育提出的一项新要求。

（二）为提高学生的体质健康水平服务

高校公共体育课教学为提高学生的体质健康水平服务，是高校体育的本质所决定的，同时也是高校体育贯彻落实“健康第一”指导思想最直接的体现，是提高学生整体健康水平的基础。青少年学生处于个体发育的重要阶段，身体的可塑性最强，为他们打下一个良好的体质健康基础，不仅是他们在学生阶段完成学业的需要，同时也是他们终身健康的需要。尽管一个人在青少年时代打下的体质健康基础不可能是一劳永逸的，但基础的好坏却又与未来的体质健康息息相关。

（三）为提高学生的社会适应能力服务

一个人在现实的社会生活中能否处于良好的健全状态，关键取决于他的社会适应能力。对于社会适应能力，从广义来说是指人的体质、智商与情商的综合发展水平；从狭义来说，主要是指人的群体意识、责任感、团结协作与开拓进取的精神、自律能力以及社会交往能力等。

从社会文化的视角来看，体育尤其是体育游戏、竞技体育和体育竞赛实质上是社会生产和社会生活的一种模拟。因此，有人把体育课堂称之为“课堂社会”，并把体育精神视为现代社会精神的缩影。

第三节　学校体育精品课程建设的思考

高等院校的课程建设直接关系到学校对人才培养的质量，教育部根据高等教育发展的现状和需求，决定实施“质量工程”，而其中第一项内容就是高等学校精品课程建设。普通高校的体育课肩负着培养德、智、体全面发展的社会所需人才的重任，体育精品课程的建设也是高等院校精品课程建设工作的重点之一。

一、精品课程与普通高校体育精品课程

精品课程是21世纪初提出的概念，一些专家认为，精品课程应该是“名牌课堂”“示范课程”，应该是“有自己的特色与风格”和“普遍受学生欢迎的课程”。具体来说，精品课程要体现出现代教育教学思想，符合现代科学技术和适应社会发展进步的需要。2003年，《教育部关于启动高等学校教学质量与教学改革工程精品课程建设工作的通知》中指出，“精品课程是具有一流教师队伍、一流教学内容、一流教学方法、一流教材、一流教学管理等的

示范性课程”。精品课程建设是高等学校教学质量与教学改革工程的重要组成部分。教育部规划用五年时间建成拥有数千门各门类、专业的校、省、国家三级精品课程的开放体系。可见，精品课程不仅局限在普通高校的专业课上，也包含普通高校的公共课程、基础课程，因而是分层次、多样化的。

体育在培养身心全面发展人的过程中起着非常重要的作用，是学校教育的重要组成部分，体育课程是普通高校确保培养人才质量的基本环节之一。教育部规定普通高等院校一、二年级每周应开设两学时的体育必修课程，这门课程在高校教学体系中是学时较多、覆盖面较大的公共课程，应该是受学生欢迎，能在增强体质、增进健康、培养个性发展、让学生掌握科学锻炼方法与知识方面有良好效果并为终身体育打下良好基础的课程。普通高校体育精品课程就是能体现现代体育教育教学思想，符合现代科学技术和适应社会发展进步的需要，能促进学生身心全面发展的体育课程。同时，普通高校体育精品课程的建设是高水平体育教学的标志之一，也是不断提高体育教学质量的必由之路。

二、普通高校体育精品课程建设的现状

教育部公布的精品课程名单中涉及体育类的课程极少，分析其原因，主要有以下三个方面。

(1) 教育部对精品课程提出了“五个一流”，并要求使用先进的教学方法和手段，相关的教学大纲、教案、指导等要上传网络并免费开放，实现教学资源共享，这些要求对于许多普通高校来说还没有做到，达不到相关标准。

(2) 对于精品课程的评审，国家有一定的政策倾斜，主要是对重点院校的倾斜；对工、理、医、文学类课程的倾斜；对有院士、名师参与的课程的倾斜；对“理科基地”“工科基地”课程的倾斜。因此，普通高校的体育课程入围精品较为困难。

(3) 各高等院校在申报时力争将学校的名牌专业、知名院系

的课程打造为精品课程，体育作为一门公共课程，各院校按教育部规定都有开设，和学校的知名专业、院系的课程相比没有优势，大多数高校没有把体育精品课程建设摆到重要的位置，重视不够。

三、对普通高校体育精品课程建设的探讨

（一）摆正体育课程的位置，重视体育精品课程的建设

体育课是每所普通高校应开设的必修课程，在学校教育和人才培养中起着重要的作用，对体育教学各方面的必要投入和重视是保证体育教学的必备条件，同时也是体育精品课程建设的必需。国家对精品课程的评审不仅包括名牌专业、院系的课程，也包括公共课、基础课，是“分层次、多样化”的。因此，学校各级领导和部门要把体育课作为一门重要的课程，深刻理解体育在学校教育中的重要地位和培养身心全面发展人才中的重要作用，并保证必要的投入，根据具体情况，把体育课程放入不同层次精品课程申报计划之列（精品课程包括三个层次：国家级精品课程、省级精品课程、校级精品课程）。

（二）以“五个一流”为核心，把握精品课程的目标要求

精品课程是具有“五个一流”的示范性课程，普通高校体育精品课程的建设也要以“五个一流”为核心，就是要以现代教育思想为先导，以高素质教师队伍为前提，以适应相应层次的优秀教材和优化的教学内容为基础，以现代教育技术为平台和以科学规范管理体制为保障的。这是集教育理念、教师队伍、教学内容、教学方法和教学制度于一身的整体建设，是实现素质教育与专业教育并重、知识传授与能力培养并举、教学活动与科研创新同步的教育目标的基本保障。

精品课程首先要有一批学术造诣高、授课经验丰富、成果显

著的主讲教师。教育部在精品课程建设内容中首先提出要有“一流的教师队伍”，形成一支以主讲教授负责的，结构合理、人员稳定、教学水平高、教学效果好的教师梯队，要按一定比例配备辅导教师。体育教师是体育精品课实施过程中最直接的参与者，体育教师的课程观、课程研制水平、课程决策权力和课程改革的态度等是体育精品课程实施成功与否的关键。

开展体育精品课，各高校体育部门首先要制订出切实可行的体育教学梯队建设办法，提高体育教师的整体教学水平和素质。在重点抓好中青年体育骨干教师培训的同时，加大体育人才引进力度，本着“不求所有，但求所用”的原则，以多种形式积极引进高层次体育人才。进一步完善体育教师的培训制度，按计划、有目的地培训体育教师，特别是承担体育精品课程教学的教师。作为聘任岗位职务的重要依据，要注意选拔培养学术带头人和骨干教授，带头承担精品课程建设工作，发挥学术造诣深、教学经验丰富的教授的“传帮带”作用，并培养优秀青年体育教师充实教学第一线。

“一流的教学内容”要求教学内容要具有先进性、科学性，要及时反映本学科领域的最新科技成果。体育精品课程的教学内容也应如此，体现以“健康第一、终身体育”为指导思想，促进学生身心健康全面发展。目前，在教学内容的选择上各地、各校有较大的空间，应结合自身特点，结合新时期社会、政治、经济、科技的发展对人才培养提出的新要求，体现“加强基础、注重应用、增强素质、培养能力”的原则合理地选择体育教学内容。

“一流的教学方法”要求使用先进的教学方法和手段。体育教学要合理运用现代信息技术等手段，改革传统的教学思想观念、教学方法、教学手段和教学管理。运用学生乐于接受的形式传授教学内容，采取“启发式”的教学思想、多样化的教学方法，特别是采取多媒体高科技的直观教学手段以取得良好的教学效果。对课程使用网络进行教学与管理，鼓励网络课件、授课录像网上开放，实现教学资源共享。

“一流的教材”要求是系列化的优秀教材，主讲教师可以自行编写相关教材，也可以选用国家级优秀教材和国外高水平原版教材。在教材建设工作中，应倡导精品意识，即用精品、出精品。用精品就是在教学中坚持选用优秀教材，各高校明确规定，要优先选用“面向21世纪”教材，“九五”“十五”国家重点教材和国家级、省级规划教材，鼓励选用国外高水平原版教材。另外，我国各地、各校体育课程资源十分丰富，差异也很明显，在选择教材时应与学校特点相适应，应有利于发挥本校优势资源。

出精品是教师编著水平高、有特色，反映教学改革新经验、新成果的教材，为便于教与学，提高现代化教学水平和教学效率，制作用于体育教学的电子教案、考试系统和教学网站，由主教材、辅助教材、电子教案、教学网站构成的立体化教材形成独特风格和体系，为教与学营造一个立体化的教学环境。

建立科学规范的教学管理机制，实现“一流的教学管理”。完善健全的教学管理制度是精品课程建设的基本保证，这主要包括教学、科研、群体、训练、考评、规章制度、岗位职责等方面，形成切实有效的激励和评价机制。

（三）加强体育场地、设施硬件的投入

高等学校的体育场地、设施硬件建设是体育精品课程建设的基础和保证，对体育教学、训练活动的顺利开展起着不可或缺的物质奠基作用，也是体育精品课程建设所必需的。随着我国高等教育规模的迅速扩大，各高校正面临着良好的发展机遇和扩招空间，高校在扩大招生规模的同时，必须大力加强办学硬件建设。同时，随着市场运行机制纳入我国高校管理中，高校的自主性加强，但校级之间的竞争也日趋激烈，如何利用体育来提升学校的形象和知名度，是高校管理者最为关注的一个话题。高校的硬件设施建设，尤其是在运动场馆、科研教学设备以及专业书籍和期刊投入上的滞后是制约其提高教学质量和科研水平的瓶颈，应引起高校领导的高度关注。要开展体育精品课程，应争取学校支

持，增大投入兴建能满足教学需要的运动场地、设施，下大力气解决馆藏体育书籍和期刊的数量，以满足正常教学和科研的需要。

总之，高等院校是培养社会所需人才的重要基地，体育教育在培养合格人才中起着重要作用，普通高校体育课程的设置直接关系到学校为社会所培养人才的质量，体育精品课程的建设也是高等院校精品课程建设工作的重点之一，必须要以社会对人才的新需求为目标做好体育精品课程的建设工作。

第四节　美国高校体育教育现状及对我国的启示

一、美国高校公共体育教育现状

（一）美国高校公共体育课程现状

美国的高校公共体育课程可分为两大类别：一类是正式纳入学校选课系统的体育必修课和体育选修课；另一类是由休闲体育部开设的健身课。与必修课相比，体育选修课没有强制性，通常也无学分。除上述区别外，体育选修课和必修课的课程体系基本相同，因此，将二者归纳为同一类别进行研究。

1. 必修课和选修课开展情况

美国高校开设体育课程的自主性较强，近年来越来越多的高校缩减了体育必修课学分，一些高校只设立体育选修课，此外还有大量高校既没有开设体育必修课也没有开设选修课。2012 年，俄勒冈州立大学 Cardinal 教授对美国 354 所四年制本科高校的调查显示，仅 140 所高校具有体育必修课，占 39.55%，其比例降至近百年以来的最低点。此外，有 21 所高校允许学生将体育选修课的学分纳入毕业所需通识课学分，占 5.93%。

在上述设立体育学分的高校中，83.9%的高校由运动人体科学部、体育教育部等教学部门开展体育学分的管理工作，其余高校主要由休闲体育部代为管理。大部分高校允许学生自主决定在哪些学期获取体育学分,少量高校要求新生入学第一学期或第一年必修体育课。学生毕业平均约需完成 2.61 个体育学分,如果分摊到两个学期,则平均每周的体育课时间约为 75 分钟。私立高校对公共体育教育更加重视,62.73%的私立高校具有体育必修课要求,而公立高校中该比例仅为 37.27%。

美国高校普遍根据学生选课和教学评价等环节来筛选决定体育必修课或选修课的课程内容,课程通常可分为理论课和实践课两大类。理论课主要内容包括健康体能、健康生活方式、运动处方、医疗急救等方面,教师授课时可灵活采用课堂讲授、案例分析、网络教学等方式。研究表明,承认体育学分的美国高校普遍重视体育理论课,将其列为与实践课同等重要的位置,超过 70%的高校要求学生学习体质健康理论知识。高校普遍将“健康生活方式”或“健康促进”列入体育教学指导思想和教学目标。

为充分满足学生需求,美国高校体育实践课涉及的运动项目非常广泛,呈现出传统性、时代性、国际性、阶梯性和挑战性等多元化特点。对于运动技术要求较高的体育实践课,许多高校还分设了基础班、中级班和高级班三个课程层次。

在师资方面,美国高校普遍使用大量外聘教师开展体育课的教学工作。与美国中小学要求教师必须具有上岗资格证所不同的是,高校对受聘教师没有统一的任职资格要求。在教学考核与评价过程中,大多数美国高校采取“优、良、一般、及格、不及格”或“及格/不及格”的等级评价方式。教师对学生的考评也更重视过程性评价,或者将过程性评价与终结性评价相结合。

2. 健身课开展情况

健身课在美国高校公共体育教育中扮演着重要角色。几乎所有美国高校的休闲体育部都设立了健身课,因此健身课成为许多学生接受体育教育的主要途径。健身课不设学分,其授课对象主要为在校学生,但教师职工及体育中心其他会员也可以报名参加。学校主要依靠聘用健身指导员来满足健身课的师资需求，受聘人员以具有体育特长的在校学生为主。

健身课通常分为集体课程和个体课程，以集体课程为主。集体健身课主要集中在形体健身和有氧健身等室内项目，在固定时间和固定场馆内进行，每节课大约30～50分钟。每学期开学前休闲体育部会在网站上公布集体健身课的课程安排，开学后第一周为免费试听周，学生可上网报名缴费参加相应课程的学习，如果购买“套票”则可参加课程安排中任意课时的学习。

（二）美国高校学生体育俱乐部现状

美国高校的学生体育俱乐部数量众多，在项目上涵盖了传统项目、水上运动、户外拓展、民间体育等多种项目，丰富的体育俱乐部活动是美国高校体育文化的重要特征之一。相关调查显示，平均每所高校约有44个体育俱乐部。美国高校对体育俱乐部的重视程度普遍较高，每年都制订全校体育俱乐部手册，统一组织各俱乐部开展宣传活动，并在训练场地、体育设施、活动经费等方面对俱乐部提供支持。体育俱乐部机构健全、管理规范、制度完备、活动丰富、高度自主。

美国高校学生社团管理部门从申报、审批、财务、宣传、活动场地与时间等方面对体育俱乐部活动进行监管。俱乐部定期向管理部门登记注册、汇报工作业绩，活动组织不力或效果不佳的俱乐部可能被淘汰。

二、美国高校公共体育教育现状对我国的启示

（一）加强体育教育的针对性，挖掘公共体育教育的深度

中美两国高校对体质弱势群体的针对性干预都较少，我国高校还存在另一个类似的问题，即未充分动员运动水平较低的学生参加体育竞赛和课外体育活动。因此，我国高校有必要进一步提

升体育教育的针对性，挖掘公共体育的深度，以充分发挥其教育干预功能。为此，一方面要建立更完善的第一、第二课堂体系，另一方面要优化现有的学校体育竞赛制度，降低体育竞赛的竞技性，提升其健身性和娱乐性，引导运动技能较低的学生加入其中。

高校还需组织师资力量，针对体质弱势群体和静态生活方式群体设立专业的体育干预项目，协助大学生形成健康的现代生活方式。同时，各高校还应进一步完善公共体育软硬件建设，建立高效的活动组织体系和后勤服务体系，提高工作效率，为公共体育教育的长期健康发展提供坚实保障。

（二）提高体育课程的多元性

全面推行体育必修课是我国高等教育的一大优势。但是，由于师资力量、教学条件等因素的不利影响，我国高校公共体育课程主要面向大一、大二学生，高年级学生可享受的公共体育教育资源是非常少的。同时，我国高校公共体育课程涉及的运动项目范围较窄，在水上运动、户外拓展等环节普遍比较落后，无法满足所有学生的体育锻炼需求。

此外，我国高校体育俱乐部数量较少，主要集中在常规体育项目，在管理制度、活动内容、实际效果等方面都还有很大的提升空间。反观美国高校，其公共体育实践课涵盖广泛的运动项目，集体健身课和体育俱乐部数量繁多，成为重要的公共体育第二课堂。

首先，我国高校可以充分借鉴美国经验，通过外聘教师等途径增强师资力量，完善体育必修课的课程设置。其次，可学习美国高校集体健身课和体育俱乐部的组织方式，大力发展第二课堂，充分发挥其在师资、时间、项目、对象等方面的灵活性，提高体育课程的多元性，拓宽公共体育的影响范围，满足学生日益增长的体育健身需求。

（三）重视体质健康理论教育

目前，中美两国高校都面临一个严峻的问题，那就是大学生体质健康不容乐观。事实证明，引导大学生建立“终身体育”的行为习惯是解决这一问题的重要途径。

2014 年，教育部印发了《高等学校体育工作基本标准》，对高校各项体育工作提出了更加严格的要求，但是该标准中的学生体质健康教育手段主要集中在体质监测环节，对体育课程的规定依然仅局限在运动实践方面。上述问题已成为制约我国高校公共体育教育成效的重要瓶颈，体现为体育教育干预的持续作用时间较短，大学生难以建立科学的健身观念和长期的健身习惯。要解决这一问题，就必须切实加强大学生体质健康理论教育工作。

各高校可充分应用体质监测的机会，理论结合实践，向大学生开展生动的健康教育，也可在教学、考核等环节中将体质健康理论内容纳入其中。相关管理部门未来可逐步将体质健康理论教育纳入高校公共体育的常规工作，将运动健身渗透至大学生的生活理念。

参考文献

[1] 陈佑清.有效教学[M].北京:高等教育出版社,2016.

[2] 方哲红.民族传统体育教学与训练[M].北京:北京体育大学出版社,2010.

[3] 冯德学,熊正英.体育教育教学研究方法概论[M].西安:陕西师范大学出版社,2016.

[4] 龚坚.现代体育教学论[M].重庆:西南师范大学出版社,2009.

[5] 李启迪,邵伟德.体育教学基本理论研究[M].北京:北京师范大学出版社,2014.

[6] 李宗浩,毛振明,周爱光.体育人文社会学导论[M].北京:人民体育出版社,2008.

[7] 刘冬柏.体育课程教学改革与探索[M].北京:九州出版社,2015.

[8] 陆作生.体育教学技能训练[M].北京:高等教育出版社,2016.

[9] 毛振明,于素梅.体育教学评价技巧与案例[M].北京:北京师范大学出版社,2009.

[10] 邵斌,顾红,柏慧敏,等.大学公共体育专业化教学改革理论与实践[M].上海:上海大学出版社,2014.

[11] 史兵.体育教学论[M].西安:陕西师范大学出版社,2006.

[12] 王崇喜.体育课程与教学改革研究[M].郑州:河南大学出版社,2014.

[13] 王亚琼,杨庆辞,罗曦娟.民族传统体育学[M].北京:北京师范大学出版社,2013.

[14] 许文鑫.中学体育课堂有效互动的理论与实证研究[M].北京:科学出版社,2015.

[15] 杨贵仁. 中国学校体育改革中的理论与实践[M]. 北京：高等教育出版社，2006.

[16] 曾永忠. 高职体育课程体系改革与构建研究[M]. 武汉：华中师范大学出版社，2009.

[17] 黄丽秋. 终身体育思想的形成及教学引领研究[D]. 长沙：湖南师范大学，2014.

[18] 康娜娜. 新中国成立以后我国学校体育思想的嬗变及其发展研究[D]. 徐州：中国矿业大学，2014.

[19] 王淑英. 学校体育课程体系研究[D]. 石家庄：河北师范大学，2010.

[20] 许弘. 田径课程改革的理论与实践研究[D]. 南京：南京师范大学，2004.

[21] 陈少宇. 高校民族传统体育教学的开展现状及对策研究[J]. 军事体育进修学院学报，2010(4)：97-99.

[22] 程培朋. 高校篮球教学改革影响因素及发展趋势分析[J]. 体育科技文献通报，2016(1)：60-61.

[23] 单静怡，单锡文. 我国普通高校民族传统体育教学现状分析及对策研究[J]. 吉林体育学院学报，2011(5)：99-101.

[24] 高斌，徐明欣，李瑞年，等. 普通高校体育教学评价的改革[J]. 体育学刊，2003(6)：77-80.

[25] 葛鸿，魏丽辉，王帅. 民族传统体育在高校体育教学中的发展研究[J]. 民族传统体育，2014(9)：119-120.

[26] 龚忠勇. 高校民族传统体育专业建设探索[J]. 毕节学院学报（综合版），2014(5)：126-128.

[27] 郭建龙，苏明理，许崇高. 21 世纪我国田径课程改革现状与发展方向[J]. 广州体育学院学报，2007(5)：108-111.

[28] 赖黎明，丁红星. 马斯洛动机理论与学习动机的研究[J]. 教学研究，2003(1)：17-19.

[29] 李春荣，王颜成，胡永南. 构建普通高校体育理论课程教学体系的研究[J]. 北京体育大学学报，2014(2)：96-101.

[30] 李华伟. 高校篮球教学中的问题与对策[J]. 成功(教育), 2012(3):250.
[31] 李明达. 新中国以来体育院校系篮球课程建设历程探析[J]. 广州体育学院学报, 2012(3):104-107.
[32] 刘海军. 普通高校田径运动现状研究[J]. 吉林体育学院学报, 2011(6):128-129.
[33] 倪依克. 民族传统体育学学科理论体系的研究[J]. 广州体育学院学报, 2006(2):101-104.
[34] 曲云霞. 普通高校田径选项课教学现状及改革设想[J]. 赤峰学院学报(自然科学版), 2011(8):133-134.
[35] 尚志强, 陈珂. 21世纪高校体育教学内容的改革与探索[J]. 浙江传媒学院学报, 2006(5):26-27.
[36] 孙光旭, 时立新. 校园足球教学内容等级水平体系构建与弹性管理研究[J]. 长江大学学报(自然科学版), 2016(4):69-72.
[37] 孙慧. 高校体育课程教学目标体系的构建[J]. 武汉体育学院学报, 2005(10):111-113.
[38] 吴秀莲. 高校篮球教学改革影响因素及发展趋势探索[J]. 改革与开放, 2011(4X):156-157.
[39] 向剑锋. 美国高校公共体育教育现状及启示[J]. 西安体育学院学报, 2016(3):372-377.
[40] 辛利, 刘娟. 对学校体育"健康第一"指导思想的思考[J]. 体育学刊, 2013(5):8-11.
[41] 熊志翔. 高等教育质量保障概念辨析[J]. 佛山科学技术学院学报(社会科学版), 2009(4):41-47.
[42] 徐佳. 高校体育教学体系改革研究[J]. 东方企业文化, 2012(22):255.
[43] 翟林, 侯代贵. 高校体育精品课程建设的思考[J]. 上海体育学院学报, 2004(5):81-84.

[44] 张作斌.对普通高校体育教学内容改革的思考[J].教育探索,2010(7):47-48.

[45] 赵红娟.普通高校体育精品课程建设的探讨[J].西安体育学院学报,2006(4):113-115.